Ansiedad

Conquista tus angustias y temores con la Palabra de Dios

SCARLET HILTIBIDAL

Lifeway Recursos®
Brentwood, Tennessee

Publicado por B&H Español • © 2023 Scarlet Hiltibidal

ISBN: 978-1-0877-7871-6
Ítem: 005840997
Clasificación decimal dewey: 152.4
Categorías: TEMOR / ANSIEDAD / PAZ

Para ordenar copias adicionales de este recurso llame al 1 (800)257-7744, visite nuestra página, www.lifeway.com o envíe un correo electrónico a recursos@lifeway.com. También puede adquirirlo u ordenarlo en su librería cristiana favorita.

Impreso en los Estados Unidos de América

Lifeway Recursos
200 Powell Place, Suite 100
Brentwood, TN 37027

TABLA DE CONTENIDO

DEDICATORIA

Para Kaye Geiger, quien me impartió estudios bíblicos en la sala de su casa, quien me discipuló sin que yo lo supiera dejándome entrar por el garaje sin seguro de su casa y quien me ayudó a reir, llorar, orar y aprender.

ACERCA DE LA AUTORA

Scarlet Hiltibidal es la autora de varios estudios bíblicos reconocidos en el mundo cristiano angloparlante. Escribe regularmente para la revista *ParentLife Magazine* y devocionales para *She Reads Truth* y disfruta hablando a las mujeres de todo el país sobre la libertad y el descanso disponible en Jesús. Scarlet tiene un título en consejería bíblica y fue maestra de escuela primaria antes de empezar a escribir. Ella y su esposo viven en el sur del estado de California en los Estados Unidos, donde le encanta hacer señas con sus tres hijas, comer nachos a solas, escribir para sus amistades y estudiar la comedia stand-up con una pasión que quizá debería reservar para actividades más importantes.

Sesión uno

INTRODUCCIÓN—

ANSIEDAD POR ESTAR AQUÍ

ESTAS COSAS
OS HE HABLADO PARA QUE
EN MÍ TENGÁIS PAZ.
EN EL MUNDO
TENDRÉIS AFLICCIÓN;
PERO CONFIAD,
YO HE VENCIDO
AL MUNDO

Juan 16:33

INTRODUCCIÓN

Vivimos en un lugar roto, triste y aterrador. Hay muchos motivos para estar ansiosas:

- morir;
- agujeros negros;
- el cáncer;
- el hecho de que nuestros teléfonos tengan cámaras que se encienden solas a veces;
- huracanes;
- fallar como madre/amiga/esposa/empleada/en la dieta.

Y el mundo está lleno de soluciones insuficientes para nuestra ansiedad:

- comida;
- ropa;
- amistades;
- medicina;
- pasatiempos;
- logros;
- ________________.

La cuestión es la siguiente. Nada funciona realmente cada momento, todo el tiempo, perfectamente y para siempre, ¿verdad? ¿Has llegado a ese punto? ¿Ese punto en el que los consejos del consejero no parecen detener la espiral mental lo suficientemente rápido? ¿Tu armario está lleno de ropa, pero tu corazón sigue lleno de preocupaciones? ¿Consigues el ascenso, ganas el premio y logras el objetivo, pero en lugar de la paz que promete, sólo encuentras más miedos? El fondo de la taza de queso aparece alarmantemente rápido, y te quedas preguntándote, tal vez en voz alta, ¿ESTOY MÁS MAL QUE TODOS LOS DEMÁS?

He estado en ese lugar muchas veces. He sido esclava de mi pánico, planificando y evitando y haciendo todo lo posible para aislarme del dolor y el malestar. Pero nada de eso ha funcionado.

Así que decidí apartarme en el silencio. Me aislé. «Bajo control».

Pensé que eso me daría paz.

No fue así. El aislamiento y el «control» pueden producir una vida más tranquila, pero la paz no es una vida tranquila; la paz es un alma tranquila. La paz es el regalo de Jesús a través de la obra de Jesús que podemos tener sin importar lo que esté sucediendo en nuestras salas de estar o en nuestras bandejas de entrada o en nuestros feeds de Instagram®. La más ruidosa de las vidas no puede abrumar la tranquilidad que viene de Cristo.

La verdadera paz llega cuando aprendemos a sostener la Palabra de Dios frente a lo que nos preocupa. Allí aprendemos que no podemos arreglarnos a nosotras mismas; no podemos protegernos. En cambio, la Biblia nos dice que podemos descansar, sabiendo que Jesús entró en el lugar roto, triste y aterrador para rescatarnos y amarnos. Él es el que arregla. La suya es la única protección que importa.

Cuando tememos al Señor, en lugar de temer el quebrantamiento de nuestro mundo, podemos apoderarnos de la paz perfecta que sólo está disponible en Él.

La paz que buscamos se encuentra en la obra ya terminada de Cristo (más adelante se hablará de ello) que se nos revela una y otra vez en la Palabra de Dios, a través de la oración y con nuestra comunidad cristiana. Cuando quienes vivimos en estado de alarma constante y preocupación profunda vemos el poder de Jesús en las páginas de la Biblia, podemos decir con certeza: «El señor está de mi lado; no temeré. ¿Qué puede hacerme el hombre?» (Sal. 118:6).

¿HACIA DÓNDE NOS DIRIGIMOS?

En este estudio, veremos a diferentes personas de la Biblia y lo que podemos aprender de ellas sobre la ansiedad. Descubriremos cómo vivir en libertad aferrándonos a la Palabra de Dios y al evangelio de Dios en comunidad y en oración. Este libro de estudio bíblico te retará a estudiar la Escritura mientras luchas contra tus preocupaciones. Te ayudará a poner en práctica algunas disciplinas espirituales que te ayudarán a mantener tus ojos en la cruz de Cristo (incluso si acabas de ver un artículo en tu Facebook® sobre los peligros reales de los agujeros negros).

¿CÓMO UTILIZAR ESTE ESTUDIO?

Este estudio está diseñado para ser utilizado en grupos pequeños. Si bien puedes desarrollar este estudio por tu cuenta, el estudio está diseñado para desarrollarlo con otras personas. Luchar contra la ansiedad sola es muy parecido a luchar contra un ejército sola. Imagina que entras en un campo de batalla sola mientras estás rodeada de enemigos con armas más grandes y músculos más fuertes. En realidad, no lo imagines. Se supone que esto te ayudará con tu ansiedad, no la aumentará.

Cada persona debería tener su propio libro de estudio bíblico, una Biblia, un bolígrafo y algunos bocadillos.[1] En este libro, encontrarás un estudio personal que puedes hacer individualmente y un versículo para memorizar que puedes aprender por tu cuenta (y repasar en grupo). Además, ¡consulta las páginas 186-187 del apéndice para tener a mano algunos de mis pasajes bíblicos para la ansiedad! Luego, cuando se reúnan, verán un video y compartirán sus respuestas del estudio semanal como grupo. **Encontrarás en detalle la información para accesar los videos de enseñanza que viene con este estudio en la tarjeta insertada en el libro.**

Durante la última sesión de este estudio, nos sumergiremos juntas en lo que dice la Palabra de Dios sobre la lucha contra la ansiedad, por qué es importante y cómo el cuerpo de Cristo es tan vital en nuestro enfoque para combatir las mentiras que nos dice la ansiedad. Espero que este estudio te ayude a comprometerte personalmente con la Escritura, y espero que puedas utilizar tu estudio personal y tus experiencias para animar a las otras personas de tu grupo.

Invita a tus vecinas y envía un texto a tus compañeras de trabajo más cercanas. Como último recurso, llama a tu abuela y a tu hermana o a la señorita que se sabe tu orden en la cafetería e invítala al estudio.

1. No es obligatorio, pero se recomienda encarecidamente ofrecer algún refrigerio.

Encontrarás en detalle la información para accesar los videos de enseñanza que viene con este estudio en la tarjeta insertada en el libro.

¿Y SI NECESITO MÁS QUE UN ESTUDIO BÍBLICO?

Este estudio probablemente no solucionará todos sus problemas.

En 2004, Tim Keller predicó un sermón titulado *El espíritu herido*. Tuvo tal efecto en mí que compartí una buena parte del mismo en el libro que escribí sobre mi lucha personal con el miedo: *Miedo a todas las cosas*.

El caso es que he tomado pastillas para la ansiedad. Me he sentado frente a psiquiatras cristianos mientras ofrecían diagnósticos de grandes palabras para explicar mi versión particular de la ansiedad.

Viví años sintiendo vergüenza y miedo por mis debilidades mentales. Pensaba que si mis amigos sabían realmente cómo luchaba en mi mente, me rechazarían.

Este sermón cambió eso para mí. En el, Keller habló de las diferentes fuentes que pueden contribuir a nuestras heridas y debilidades. No dijo: «¿Por qué estás tan mal? Sólo ora más». Dijo: «... ¿sabes cuál es la respuesta bíblica? Es complicada».[2]

Eso es lo que quiero que escuches de mí cuando entres en este estudio. Tu cerebro es complicado. Tu ansiedad podría tener su origen en un problema existencial, o tal vez para ti, es sobre todo físico. Tal vez tengas una tiroides defectuosa. (A mí me extirparon la mía el año pasado y el desequilibrio hormonal puede provocar absolutamente ansiedad y depresión). Tal vez, como dice Proverbios 28:1, huyes «cuando nadie te persigue» porque estás caminando intencionalmente en la maldad. En ese caso, una píldora o una sesión de terapia no te arreglará como lo hará el arrepentimiento.

Ese es el mensaje principal del sermón de Keller. Hay muchos factores que contribuyen. Debemos confiar en la oración y en la Palabra de Dios, pero podemos hacerlo sabiendo que podemos estar lidiando con raíces físicas o raíces de pecado o raíces emocionales o raices existenciales (las GRANDES preguntas, como *¿Qué es la vida?*). Es importante reconocer estas cosas mientras luchas tu batalla personal a tu manera.

Este estudio no reemplazará el medicamento para la tiroides o cualquier otra prescripción médica y necesaria o las reuniones semanales con un consejero cristiano o el cuidado de tu salud y bienestar. Buscar esos recursos externos, si y cuando sea necesario, es sabio y maravilloso. Más bien, este estudio está diseñado para ayudarte, donde quiera que estés y por lo que sea que lo estés haciendo, a perseguir a Jesús en Su Palabra, darte una mejor comprensión de quién es Él, y aprender cómo poner tu mente en las cosas de arriba (ver Col. 3:2) y cómo vivir tu vida consumida por la paz y el gozo final de caminar con Cristo. Si necesitas un poco más de apoyo que el que ofrece este estudio, te animo a que te acerques a tu iglesia local o a algunos amigos de confianza. Puedo recordar muchos momentos de mi vida en los que he necesitado ayuda, y mi comunidad cristiana, mis amigos y mis consejeros me han ayudado en esos momentos.

¿SIEMPRE SERÁ ASÍ?

Sobre esa «paz definitiva». Nunca he escrito desde la postura de «yo he superado la ansiedad y tú también puedes». Si buscas diez pasos fáciles, no los encontrarás aquí. En nuestro mundo roto, es una tentación constante encontrar una solución definitiva. Esperamos marcar la casilla y esperar una navegación tranquila a partir de entonces. Algún día, sin duda, tendremos una navegación tranquila. Pero no en este mundo. Los mares de este mundo tienen huracanes. Pero el Señor me ha recordado una y otra vez, a través de Su Palabra y Su Espíritu, que la paz final es nuestra esperanza algún día, pero la vida abundante está disponible hoy.

La paz eterna está por llegar, pero hay que perseguir la paz presente.

Debemos aprender a esperar y aceptar el sufrimiento que Jesús nos prometió: «En este mundo afrontarán aflicciones . . . » (Juan 16:33, NVI), mientras nos esforzamos por ver a través de todo lo triste y aterrador a la segunda mitad del versículo. Ahí está Jesús, que nos dice: «... ¡anímense! Yo he vencido al mundo» (v. 33, NVI).

Mi esperanza es que entres en este estudio no buscando palabras mágicas que hagan que el miedo desaparezca de tu vida para siempre, sino que busques y te apoyes en Jesús, que ya ha vencido todo lo que te hace estar ansiosa.

NOTAS

Al comenzar, entrega a cada miembro un libro de este estudio. Asegúrate de ver el video y repasar el material introductorio para que todas sepan qué esperar de este estudio. Esta semana, completarán el estudio personal para la *Sesión dos: David ansioso*. Cuando vuelvan a reunirse la semana que viene, verán el vídeo de la segunda sesión y compartirán sus respuestas. En cuanto a esta semana, sólo vean el video de la *Sesión uno* y usen la guía de grupal que aparece a continuación para conocerse.

VER

Escribe cualquier pensamiento, verso o cosa que quieras recordar mientras ven el vídeo de la primera sesión de *Ansiedad*.

COMPARTIR

Comparte nombres, información familiar, restaurantes favoritos, antecedentes educativos/profesionales y cosas favoritas actuales.

¿Luchas con la ansiedad? ¿Qué aspecto tiene esa lucha en tu vida actual?

¿Has visto cómo la ansiedad afecta a otros en tu comunidad? Explica.

¿De qué manera has intentado combatir la ansiedad en el pasado? ¿Qué ayudó? ¿Qué no ayudó?

¿Qué esperas sacar de este estudio al final de las ocho semanas?

ORAR

Como grupo, tomen turnos para compartir las peticiones de oración y decidan cómo quieren orar las unas por las otras a lo largo de la semana. Tal vez alguien quiera tomar notas y enviar un correo electrónico semanal. Tal vez todas puedan escribir sus peticiones en un cuaderno. Averigua qué es lo que funciona para tu grupo y asegúrate de que tienes una forma de ponerte en contacto a lo largo de la semana. Termina con una oración.

Para accesar los videos de enseñanza, usa las instrucciones de la tarjeta que vino con el estudio.

NOTAS

Sesión dos

DAVID ANSIOSO

JESÚS ES NUESTRO ESCUDO
EN LA LUCHA CON LA ANSIEDAD

MUCHOS SON LOS QUE
DICEN DE MÍ:
NO HAY PARA ÉL SALVACIÓN
EN DIOS (SELAH)
MAS TÚ, JEHOVÁ,
**ERES ESCUDO
ALREDEDOR DE MÍ,**
MI GLORIA, Y EL QUE
LEVANTA MI CABEZA.

Salmo 3:2-3

DÍA UNO

FINGIR LA LOCURA

I Samuel 21:10-15 y Salmo 34

Tengo un montón de conversaciones largas conmigo misma mientras hiervo agua. Cuando estoy haciendo cosas tediosas en el hogar, mi mente tiende a vagar hacia problemas relacionales hipotéticos. *¿Qué pasa si hay asientos asignados en la fiesta de bienvenida del bebé de mi primastra dentro de dos meses, y qué pasa si su antigua compañera de piso/amiga está allí y nos sentamos una al lado de la otra, y qué pasa si ella pregunta si nuestros hijos pueden reunirse para jugar, lo que no debería ser un gran problema, y supongo que la respuesta normal es «¡Claro!», pero la última vez que nuestros hijos se reunieron, sus hijos enseñaron a mis hijos cómo entrar en un coche sin una llave y encenderlo con un alfiler. Entonces, ¿qué voy a decir si nos da esa invitación para jugar? Tal vez no debería ir a la fiesta de mi primastra.*

Estoy exagerando, pero por favor, dime que no soy la única que practica conversaciones para escenarios incómodos que en realidad aún no existen.

Marca una.
O Eres la única que hace esto
O ¿Tú también? Esto es exactamente por lo que no hiervo agua.

Parece una locura cuando lo pienso, pero eso es lo que hace mi cerebro. A veces tengo miedo de la gente y de los problemas potenciales que vienen con la gente, y creo que puedo practicar la conversación para lograr la paz. Veamos lo que hizo David cuando estaba preocupado por un potencial conflicto relacional.

Lee 1 Samuel 21:10-15. ¿Cómo actuó David ante la amenaza a su seguridad? Escribe tus observaciones en el siguiente espacio.

Hoy, en 1 Samuel, leemos que David tenía tanto miedo de cómo lo trataría el rey Aquis, que se hizo pasar por un loco. Bastante brillante, ¿verdad? Es sorprendente cómo nuestras preocupaciones pueden llevarnos a comportarnos. Tal vez tiendes a ponerte tensa y enfadada cuando te sientes ansiosa por lo que los demás piensan de ti o por lo que podrían decirte o hacerte. Tal vez te pongas a la defensiva. Tal vez, como David, te comportes de manera que ahuyentes a la gente. El rey David, que mató a los leones y a los gigantes, conforme al corazón de Dios, literalmente garabateó y babeó. O tal vez te aísles y pongas tu teléfono en modo avión para que los textos y las expectativas se detengan por un minuto, ¡por favor!

¿Cómo tiendes a luchar cuando se trata de la ansiedad relacional?

Lee el salmo 34.

El Salmo 34 fue escrito por David precisamente en este momento de su vida, cuando se hizo pasar por un loco en presencia de Abimelec (probablemente el mismo que se mencionó antes como «rey Aquis» en 1 Sam. 21:10-15).[1] Está claro que David sabía lo que era estar ansioso cuando escribió este salmo.

Centrémonos ahora en los versículos 1-4 del Salmo 34 por un segundo. ¿Cómo describirías la postura de David al compartir este mensaje?

A veces, cuando tengo miedo, me olvido de cómo orar. Me olvido de cómo pensar como una hija de Dios. Me asusto y no sé qué decir.

¿Cómo suenan tus oraciones al Señor cuando estás atrapada en el pánico?

En el versículo 4, David dijo que «buscó al SEÑOR». Vuelve a leer el versículo y escribe lo que el Señor hizo como resultado.

¿Qué crees que significa buscar al Señor?

¿Qué dice el versículo 5 acerca del resultado de mirar a Dios?

¿Cuándo fue la última vez que te sentiste alegre y sin vergüenza? ¿Cómo fue tu relación con Dios en ese momento?

Lee el versículo 8 de la traducción NVI en línea. ¿Qué emoción dice la Biblia que tienen las personas que se refugian en Dios?

En una escala del 1 al 10, ¿qué tan «feliz» se siente tu corazón en este momento? (Si lo has buscado en otra traducción, puede que hayas visto la palabra bendito). ¿Qué crees que te acercaría más a un 10?

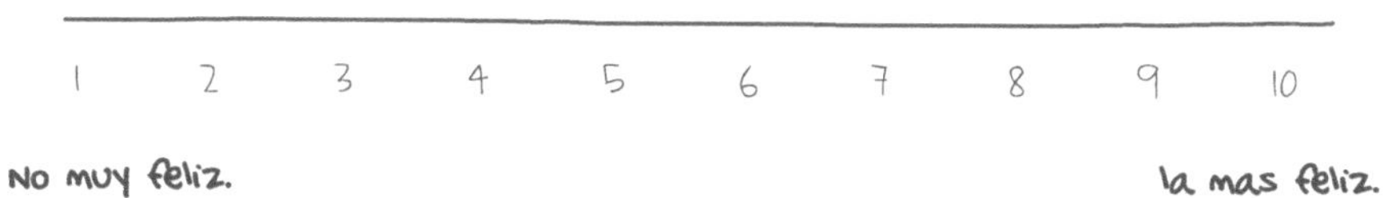

Dedica unos minutos a pensar en lo que significa refugiarse en el Señor. ¿En qué cosas te refugias, aparte del Señor? ¿Qué necesitas eliminar de tu vida o añadir a ella para ayudarte a buscarlo cuando te sientas ansiosa?

En el versículo 11, David habló de enseñar «el temor del Señor». El temor no es algo malo cuando está enfocado en nuestro Padre. Es cuando tememos las cosas equivocadas que sentimos ansiedad.

¿A qué dice la Palabra de Dios que conduce el temor del Señor? Busca los siguientes versículos y escribe la respuesta junto a ellos.

Sal. 25:14 ______________________________

Sal. 33:8 ______________________________

Prov. 9:10 ______________________________

Prov. 14:26 ______________________________

Prov. 14:27 ______________________________

Prov. 19:23 ______________________________

Prov. 22:4 ______________________________

Lucas 1:50 ______________________________

Cuando tememos al Señor, ganamos. Cuando tememos al Señor, es más fácil no preocuparse por las cosas que el Señor ya ha derrotado. Cuando tememos al Señor, recordamos que Él es nuestro escudo y protector.

Lee el Salmo 34:9

Cuando tememos al Señor, ¿qué nos hace falta?

¿Cuáles son algunos de los temores erróneos que tienes en este momento? ¿Cómo afecta la obra de Jesús a esas preocupaciones?

No me gustan las películas de guerra ni las batallas en general, pero la idea de estar protegida me parece increíble. Si tan solo pudiera estar protegida, en todo momento, del peligro, del conflicto, de la tristeza, mi corazón anhela eso. Cuando hago lo de la conversación con agua hirviendo de la que te hablé, lo que realmente estoy haciendo es tratar de prepararme y protegerme. Los conflictos interpersonales de David eran mucho más difíciles de lo que suelen ser los míos, pero me resulta convincente e inspirador que buscara protección y refugio en el Señor.

Termina este tiempo pidiéndole a Dios que te ayude a descansar en la realidad de que Él te está protegiendo eternamente de las cosas que podrían dañar tu alma.

DÍA DOS

DOEG NO ME AGRADA

I Samuel 22 y Salmo 27

La semana pasada me senté en la consulta de un terapeuta y utilicé los cincuenta minutos que me habían asignado para detallar todos los conflictos relacionales en los que recordaba haber estado involucrada en los últimos quince años. Mi consejero quería saber cuál era mi objetivo, por qué buscaba asesoramiento y por qué quería hablar de conflictos a puerta cerrada de años pasados.

Yo le dije: «Siento que los fracasos en la relaciones me asechan. Siento vergüenza por las veces que me sentí incomprendida. Solo quiero sentir paz aunque hayan personas de mi pasado que quizá no se alegren cuando se acuerden de mí».

A veces, me siento atrapada por las ansiedades, atascada con pensamientos de aquellos con los que he estado en desacuerdo en un momento u otro. Tal vez no he tenido el mismo tipo de enemigos, que llevaban espadas y buscaban matar, que tuvo David, pero he tenido personas que no eran para mí. En un grado u otro, todos hemos tenido enemigos. Se puede sentir como si tuvieras un enemigo cuando pierdes a un amigo. Sin duda, puede sentirse como un enemigo cuando las cosas no salen como se planean y se atraviesa un divorcio que nunca se pensó que ocurriría, o cuando, una vez más, un intento de reconciliación con un familiar distanciado termina en lágrimas.

Enemigos. No importa qué forma de conflicto traigan a nuestras vidas, ¿qué hacemos con ellos y cómo podemos encontrar la paz?

Me anima mucho leer cómo David respondió en oración con relación a sus enemigos. Echémosle un vistazo a un salmo que él escribió y que el teólogo Charles Spurgeon tomó para pensar en un enemigo que tenía llamado Doeg.[2]

Lee 1 Samuel 22 y responde lo siguiente:

¿Qué le dijo Doeg a Saúl sobre lo que presenció entre David y Ahimelec?

¿Qué ordenó Saúl que se hiciera a Ahimelec y a sus sacerdotes por proteger a David? ¿Quién cumplió la orden de Saúl?

El Salmo 52 fue escrito por David para hablar a la situación con Doeg. Definitivamente vale la pena leerlo. Pero el Salmo al que quiero que te abras y te centres es el Salmo 27. Aunque no está seguro, Spurgeon cree que David escribió este Salmo sobre Doeg también.[3] E independientemente del motivo, es una canción poderosa para aquellas de nosotras que luchamos con ansiedades con relación a nuestros enemigos.

Lee el salmo 27.

Escribe la primera frase de cada oración del Salmo 27:1. Además, escribe las dos preguntas que David plantea en este versículo.

David se preguntaba ¿de quién temeré? y ¿de quién he de atemorizarme? pero respondía a esas preguntas incluso mientras las formulaba. ¿Cuál es la respuesta?

Cuando el SEÑOR es tu luz, tu salvación y tu fortaleza, no hay nada más que temer. «SEÑOR» o Jehová, es el nombre propio del único Dios del universo. SEÑOR significa «El que existe».[4] Eso significa que Dios no sólo existe, sino que debe existir. El SEÑOR es Aquel de quien todo lo que existe obtiene su existencia. Podemos tener enemigos, pero también tenemos al Señor. La recepcionista de la oficina que dijo que hablabas demasiado rápido, o el huracán que se dirige hacia tu costa, o incluso o incluso la salchicha que te da miedo comer porque tu esófago parece tener esa forma: todo y todos están a merced del *que existe*. Tus enemigos nunca son más poderosos que tu Señor.

Él es la fortaleza de nuestras vidas. Él es nuestra luz y nuestra salvación. Él es nuestra fuente de verdadera protección. No podemos terminar de leer esta página de este libro sin que Él nos dé el aliento en nuestros pulmones, la vista en nuestros ojos y la claridad de nuestras mentes para hacerlo.

¿Cuáles son algunas cosas/personas/situaciones a las que a veces temes en lugar de temer al Señor?

Vuelve al Salmo 27 y lee los versículos 1-4. ¿Cómo te pueden ayudar estos versículos a dejar de enfocarte en tus enemigos y más en Jesús?

La Biblia, tanto el Antiguo como el Nuevo Testamento, trata de la obra de Jesús. Cuando leemos los primeros cuatro versículos de este salmo, como cristianos que viven después de la resurrección, podemos ver a Jesús como el cumplimiento definitivo de la esperanza de David y la razón última por la que nuestros enemigos no deben causar ansiedad. Mediante la obra de Cristo en la cruz, hemos recibido la salvación para siempre. En la cruz, nuestros mayores enemigos tropezaron y cayeron. Podemos estar seguros, como lo estuvo David, porque tenemos un Dios que también es nuestro Rescatador y demuestra que nuestros enemigos no son rivales para Él. Para más información sobre la fe cristiana y sobre cómo comprometerse a seguir a Cristo, véase «*Cómo ser cristiano*», en la página 184 del Apéndice.

¿Qué quería y pedía David al Señor en el versículo 4?

¿Qué versículos bíblicos te recuerdan que el Dios cuyo poder empequeñece a enemigos como Doeg y Satanás y a todos los demás, es también el que más debemos desear y en el que más satisfechos podemos estar?

Nuestro Señor, el conquistador de enemigos, no es sólo «*El que existe*». Es nuestro Padre bueno y el dador del gozo.

Copia los siguientes versículos debajo de cada uno de ellos:

Pues no habéis recibido el espíritu de
esclavitud para estar otra vez en temor, sino
que habéis recibido el espíritu de adopción,
por el cual clamamos: ¡Abba, Padre!

ROMANOS 8:15

Me mostrarás la senda de la vida; En tu presencia hay plenitud de gozo; Delicias a tu diestra para siempre.

SALMO 16:11

Cuando estás atascada preocupándote por tus enemigos, ¿eres capaz de adorar? Si puedes, ponte a solas en este momento y canta a Dios una de tus canciones favoritas de alabanza.

Si no sientes que puedes adorar, y sé que a veces nos pasa, ¿considerarías tomarte un momento para escribir una oración honesta a Dios a continuación? ¿O hablar con un amiga cristiana de confianza sobre tu lucha? Dios quiere saber la verdad de lo que está pasando en tu corazón y en tu mente, y también tu familia de fe.

El último verso del Salmo 27 dice: «Aguarda a Jehová; Esfuérzate, y aliéntese tu corazón; Sí, espera a Jehová» (v. 14). La palabra esperar, en el hebreo original, significa «esperar, buscar, esperar, aguardar».[5] Cuando buscamos y esperamos que nuestro Dios venga, podemos ser personas valientes, incluso aquellas de nosotras (¡Hola!) que tendemos a inclinarnos más hacia la preocupación.

¿De qué manera puedes «esperar al Señor» mientras luchas contra tu miedo a la gente?

Dios es capaz de protegernos del dolor porque Él fue a la cruz y tomó el dolor. Ahora no hay ninguna barrera entre nosotros. En Cristo, hay un escudo para nosotros que confiamos en Él. Él está de nuestro lado. Él es nuestro defensor. No necesitamos que todos los humanos del mundo nos entiendan cuando el Dios que nos hizo y nos conoce —nuestras mejores partes y las peores— nos ama tanto.

Al final de la sesión de terapia que mencioné antes, mi consejero me ayudó a darme cuenta de que estaba anhelando atar un montón de cabos sueltos y deshilachados en un mundo en el que no todo puede tener belleza y cierre. Hay cosas que quedan inconclusas, sin decir, sin escuchar, sin atar, sin desenredar. Pero mira, tenemos un Escudo. No para protegernos de todo el dolor, sino para protegernos del dolor que dura para siempre. Dios es el único ser relacional que puede amarnos perfectamente y perdonarnos plenamente, y lo hace. Cuando medito en ello, sé que mis cabos de la eternidad están terminados, atados, escuchados y bellamente unidos. Entonces me resulta más fácil hacer las paces con los cabos sueltos de hoy.

Termina este tiempo pidiendo al Señor que te ayude a sentir la paz eterna en un mundo que carece de ella.

DÍA TRES

CUANDO LA HORA DE LA ORACIÓN ERA LA PEOR

Salmo 61

Cuando tenía diecinueve años, era anfitriona en un restaurante local conocido por sus estupendas ensaladas. Empecé a salir con mi marido, que era un plantador de iglesias/pastor de alabanza, y rápidamente dejé el estupendo local de ensaladas para unirme al personal de la pequeña iglesia como asistente administrativa.

Me da vergüenza admitirlo, pero la parte que menos me gusta de nuestras reuniones de personal es el momento de la oración.

Una vez a la semana, nos sentábamos todos en el suelo del despacho de nuestro pastor y nos turnábamos para orar. Escuchaba a nuestro pastor orar, luego a mi esposo, luego al pastor de jóvenes, y, en ese momento, el corazón se me salía del pecho.

Odiaba la hora de la oración.

Por supuesto que comprendí el valor de la oración del personal. Y por supuesto que quería hablar con Dios. Pero todo lo que podía pensar mientras estaba sentada en ese pequeño espacio de oficina era lo que mis palabras mostrarían a las otras personas en esa oficina sobre lo poco espiritual que yo era. No estaba en el tiempo de oración para adorar y buscar al Señor en nombre de las personas que estábamos sirviendo juntos. Sólo esperaba decir algo que me hiciera decir un «Sí, Señor» o un bonito y dramático «Así es» de alguien en la sala. Me preocupaba que mis oraciones no parecieran lo suficientemente potentes para la gente que las escuchaba. Pero David nos enseñó que la oración no es algo por lo que preocuparse, sino que es un arma que podemos utilizar contra nuestras preocupaciones.

El Salmo 61 recoge una de las oraciones de David. Definitivamente no era el tipo de oración que podría decirse bajo presión en un almacén de la iglesia. La oración de David es sincera, necesitada y hermosa.

Los eruditos creen que este salmo fue escrito después de que David llegara al trono y probablemente cuando su hijo Absalón se rebelaba contra él (lo que se puede leer en 2 Sam. 15-18). [6] Ciertamente era una época en la que la ansiedad era comprensible.

Lee el Salmo 61:1-4 y reflexiona sobre el tono de David con el Señor. ¿Te acercas tú al Señor de forma similar?

Cuando leí esos dos primeros versos, me pareció que David era muy directo. Hablaba muy en serio. No decía un montón de palabras por tradición o por obligación, como hacía yo en la oficina de la iglesia y aún hoy a veces, sino que hablaba con Dios como si estuviera hablando con una persona real.

Spurgeon observó que el tono de David «era terriblemente serio». Luego dijo: «Los fariseos pueden descansar en sus oraciones; los verdaderos creyentes están ansiosos por una respuesta a ellas: los ritualistas pueden estar satisfechos cuando han "dicho o cantado" sus letanías... pero los hijos vivos de Dios nunca descansarán hasta que sus súplicas hayan entrado a los oídos del Señor Dios de Sabaoth».[7]

Tómate un minuto para leer eso de nuevo. Eso me convenció mucho. No quiero ser una persona que entona preocupadamente frases religiosas para sentirse satisfecha o para que los demás piensen que soy santa. Quiero conocer y hablar con el Dios vivo. ¿Y tú no?

El verso 2 dice: «Te llamo desde los confines de la tierra cuando mi corazón está sin fuerzas».

Durante las temporadas de ansiedad o temor, podemos acercarnos al Señor en oración y encontrarlo como «refugio» y «roca» y «torre fuerte», como lo descubrió David en los versículos 2-3. Pero la ansiedad a menudo nos impide hacerlo. Nos mantiene atrapados en nuestro propio bucle de temores, ya sea, *¿Qué pensará este personal de la iglesia de mi oración?* o *¿Qué pasará si mi marido pierde su trabajo?* o *¿Qué es este bulto bajo mi brazo?*

¿Qué es lo primero que haces cuando te sientes ansioso? ¿Es la oración? ¿Es TikTok®? ¿Son las patatas fritas y el queso?

Vuelve a leer el Salmo 61:4.

¿Cómo crees que le ayudó a David orar esto mientras lidiaba con el exilio?

¿Has encontrado alguna vez consuelo en tu destino eterno mientras lidiabas con un sufrimiento? ¿Qué te ha permitido hacerlo?

Me encanta el versículo 4. De hecho, creo que es digno de un buen «Así es». En ese versículo, presenciamos a David haciendo la cosa más maravillosa y bíblica, que me imagino aplastó la ansiedad que estaba enfrentando. Él, como nos dice Colosenses 3:2, «puso [su mente] en las cosas de arriba, no en las de la tierra».

En el siguiente espacio, escribe algunas cosas que te provocan ansiedad en este momento de tu vida. Y al lado de cada una, encuentra un versículo bíblico que te ayude a «Poner tu mente en las cosas de arriba» con respecto a esa lucha.

Ahora, lee el Salmo 61:5-8. Observa el cambio de tono.

El comentarista Matthew Henry dijo: «David, en este salmo, como en muchos otros, comienza con un corazón triste, pero concluye con un aire de agrado; comienza con oraciones y lágrimas, pero termina con cantos de alabanza».[8]

Esto es tan hermoso para mí porque lo he experimentado. Podemos mirar la oración de David en el Salmo 61 y modelar nuestras propias oraciones ansiosas según ella. Podemos hablarle al Señor directamente y con seriedad, sin pretensiones. Podemos poner nuestra mente en la esperanza eterna que Él ofrece, y podemos concluir nuestras oraciones experimentando una paz real, una esperanza real y una comunión real con el Padre que nos ama.

A continuación, escribe una oración desde tu propio corazón y trata de modelarla según el Salmo 61. Sé sincera, reflexiona sobre la eternidad y alaba al Señor que ¡es más grande que tus preocupaciones!

DÍA CUATRO

PERSEGUIDO Y ABUCHEADO

2 Samuel 16:5-14 y Salmo 3

El título del Salmo 3 en la traducción de la TLA dice: «Confiando en Dios». ¿Cuándo te sientes confiada? ¿Sueles sentirte confiada en «tiempos difíciles»?

Mi respuesta es ciertamente NO. Cuando perdimos a nuestro primer bebé en un embarazo ectópico, apenas salí de mi cama durante meses. Cuando adoptamos a nuestra hija mediana, que parecía tener importantes retrasos en el desarrollo físico y cognitivo, apenas salí de mi cama durante días. A menudo me he enterrado bajo las mantas en tiempos difíciles.

¿Cómo sueles reaccionar cuando los tiempos son difíciles?

Antes de continuar, quiero decir que es importante hacer un espacio para el duelo. Y podemos dirigirnos a Dios, incluso en nuestro dolor. Dios quiere sentarse con nosotros y llevarnos a Él. ¿Todo despejado? Muy bien. Volvamos al Salmo 3.

La Biblia nos dice que este fue «un salmo de David cuando huía de su hijo Absalón». Tal vez recuerden del estudio de ayer que este es el mismo período de tiempo que los estudiosos creen que David escribió el Salmo 61.[9]

Los acontecimientos que condujeron a la escritura de este salmo se encuentran en 2 Samuel 15-18, cuando David fue traicionado por Absalón y otras personas de su vida. Absalón lideraba una rebelión contra su padre, el rey. La gente que en un momento dado eran sus amigos se volvieron contra él. Fue un momento indudablemente problemático en la vida de David. Fue, lo que algunos teólogos podrían llamar, un momento de «dónde está mi manta».

Lee 2 Samuel 16:5-14. Veamos más detenidamente los versículos 5-8. ¿Quién era Simei y qué hacía?

Vuelve a leer los versículos 11 y 12. ¿Qué emoción percibes en David? ¿Cómo refleja su respuesta la confianza en el Dios de la justicia?

En los versículos 13 y 14, David continuó por el camino, siguiendo su camino mientras Simei seguía maldiciéndolo. Luego dice que David «descansó» (v. 14). Me parece una verdadera locura que David pudiera experimentar la paz dadas sus circunstancias. Recuerda: ¡estaba huyendo de su propio hijo! Su hijo, que debería haber estado en su esquina. Y entonces, estaba siendo interrumpido por este tipo Shimei. Y de alguna manera, «descansó». No hay manera a menos que Dios lo estuviera ayudando, ¿verdad?

Ahora, pasa al Salmo 3 y lee todo el capítulo. Fíjate bien en los versículos 1 y 2.

Me pregunto si su «descanso» fue similar a la oración que encontramos en el Salmo 3.

En el Salmo 3:3, David llamó a Dios su escudo, su gloria y el que levanta su cabeza. A continuación, junto a estos poderosos nombres de Dios, explica cómo estos términos fueron refrescantes para David en su tiempo de problemas y cómo podrían ser de ayuda para ti.

ESCUDO	
GLORIA	
EL QUE LEVANTA MI CABEZA	

Dios es nuestro protector (escudo). Nada puede llegar a nosotros sin pasar primero por Dios. Dios es nuestra fuente de importancia (gloria). Podemos luchar contra la ansiedad sabiendo que las cosas que nos preocupan nunca podrían poner en peligro el valor que tenemos porque somos aprobados por Dios a través de Jesús. Dios es el que levanta nuestras cabezas. Dios es el que nos lleva a levantar la vista de nuestras penas y preocupaciones y nos recuerda que podemos tener alegría y esperanza a través de nuestra relación con Él.

¿Cuál de estas tres descripciones de la obra de Dios en nuestras vidas significa más para ti en este momento? ¿Por qué?

Vuelve a mirar los versículos 5-6.

En estos versos, David dormía. Puede ser difícil dormir cuando te sientes ansiosa (incluso si rara vez dejas tu cama). Me encanta la idea de orar salmos como éste cuando tu mente y tu cuerpo no cooperan.

Repasando los versículos 7-8, ¿qué palabras o frases muestran que Dios está a tu favor en estos versículos?

¿Cómo necesitas que Dios luche por ti ahora mismo mientras luchas contra la ansiedad y los tiempos difíciles?

Termina tu tiempo de hoy agradeciendo a Dios por salvarte y bendecirte. Agradécele por levantarte, en Jesús, para golpear a los enemigos del pecado, la muerte, el fracaso y el miedo. Tú le perteneces a Él, y Él ha vencido. Pídele que te ayude a verle como tu escudo, tu gloria y tu esperanza. Pídele que te ayude a dormir y a no tener miedo.

DÍA CINCO

PASTOR Y ESCUDO

Salmo 23

En el Salmo 23:1, David escribió: «El Señor es mi pastor; nada me faltará».

Tengo lo que necesito. ¿Y si realmente lo creyéramos?

A menudo, cuando estoy ansiosa, mi preocupación tiene su origen en la sensación de que me falta algo. Mi mente me dice: *Si tuviera esto . . . o si esa circunstancia se alineara de la manera correcta . . . ENTONCES, tendría lo que necesito.*

¿Qué te dice tu mente que necesitas para tener paz?

Lee el Salmo 23.

Mira el verso 2 y subraya la frase «pastoreará».

Escuché una ilustración de Elisabeth Elliot sobre el Salmo 23 en la que hablaba de perderse en el coche y necesitar direcciones. Actualizando un poco su ejemplo, imagina que usas el GPS de tu iPhone para llegar a algún lugar, pero luego, mientras estás viajando, tu teléfono se muere y no tienes el cargador.

Tal vez te detengas y preguntes a alguien cómo llegar a tu destino, y él/ella empiece a darte una explicación larga, detallada y confusa. Pero entonces imagina cómo exhalarías si alguien simplemente condujera delante de ti y te guiara por el camino. Elliot dijo: «... ¿no es un alivio que alguien se limite a decir: "Sígueme"?» .[10]

No hay duda de que una mente ansiosa complica algo sencillo. Claro, todos tenemos relaciones complicadas y dolorosas. Claro, estamos haciendo malabares con muchas responsabilidades y llevando muchos sombreros y lidiando con muchos problemas entrantes. Y, por supuesto, tú, si fueras realmente inteligente, podrías estar construyendo un refugio para tornados ahora mismo. Pero recordemos esta verdad de las cosas. Somos ovejas, y tenemos un Buen Pastor que nos ama y nos guía.

Lee los siguientes versículos y escribe la frase que Jesús decía a Su pueblo: Mateo 16:24; Marcos 1:17; Marcos 10:21; Lucas 5:27.

Cuando pensamos en el papel de un pastor, recordamos que un pastor cuida de sus ovejas, las mantiene, las guía y las protege.

¿Cuáles son algunos ejemplos de tu propia vida de cuando tu Buen Pastor te ha cuidado, provisto, guiado y/o protegido?

El Salmo 23:4 en la traducción de la NVI utiliza la frase «valles tenebrosos», pero me encanta la imagen utilizada en la traducción de la NBLA: «valle de sombra de muerte». Solía pensar en esa frase como un reflejo de los peores horrores que la vida puede ofrecer: cosas como la enfermedad y el abuso. Pero, en realidad, toda esta vida es el «valle de sombra de muerte», ¿verdad? Todos morimos cada día. Algunos días están llenos de placeres, y otros días están llenos de dolor, pero vivimos cada momento en la sombra de la muerte.

Aunque todos caminamos hacia la muerte, podemos «no temer mal alguno» (v. 4). ¿Por qué?

El versículo 6 se refiere al día en que moraremos en la casa del Señor. ¿Existe? ¿una casa que te gusta visitar? ¿Tal vez sea la casa de tu infancia? ¿O tal vez la casa de tu infancia estaba llena de disfunciones, pero cada vez que visitabas a esa tía o a esa abuela o a ese amigo, te encontrabas con calor, comida, consuelo y amor?

Describe ese escenario en el siguiente espacio.

Durante toda la semana, hemos analizado a David. Hay muchas cosas de su vida que no hemos tenido tiempo de cubrir. ¿Has oído hablar de la vez que era un joven escuálido que mató al gigante Goliat con una honda, algunas piedras y sin armadura física (1 Sam. 17)? ¿O aquella vez que pecó contra Betsabé y luego hizo matar a su marido (2 Sam. 11-12)? La verdad . . . David vivió la *vida*.

Tuvo muchos días buenos y muchos días malos. Basándose en los acontecimientos de su vida, probablemente experimentó la ansiedad de ser la víctima y la ansiedad de ser el tipo malo. Pero era un tipo malo con fe en un Dios bueno. A menudo era un tipo malo cuya vida de oración demostraba que buscaba el perdón y protección, no a través de un escudo terrenal (ni siquiera cuando se lucha contra un gigante) sino uno eterno. Dios protegió a David de sus temores y de seguir su pecado hasta la destrucción. Dios guardó y guió a su hijo a través de todo tipo de circunstancias que apenas podemos imaginar.

Ahora salta al Nuevo Testamento y lee sobre cuando Dios, el Buen Pastor, caminaba por la tierra en carne y hueso. Lee Juan 10:1-11. ¿Cómo se llamó Jesús en el versículo 7?

¿Cómo se llamó Jesús en el versículo 11?

Mira el Salmo 23 y léelo de nuevo, pero cada vez que veas las frases «El Señor» o «Él», di «Jesús».

Jesús es mi pastor;
nada me faltará.
En lugares de delicados pastos me hará descansar;
Junto a aguas de reposo me pastoreará.
Confortará mi alma;
Me guiará por sendas de justicia
por amor de su nombre.
Aunque ande en valle de sombra de muerte,
No temeré mal alguno,
porque tú, Jesús, estarás conmigo;
Tu vara y tu cayado me infundirán aliento.

Aderezas mesa delante de mí
en presencia de mis angustiadores;
Unges mi cabeza con aceite;
mi copa está rebosando.
Ciertamente el bien y la misericordia me seguirán
todos los días de mi vida,
y en la casa de Jesús
moraré por largos días.

El asunto es el siguiente. Gracias a Jesús, tenemos acceso al Pastor. Gracias a Jesús, tenemos acceso a la seguridad y a la satisfacción. A causa de Jesús, somos ovejas que no necesitan tener miedo de los lobos persistentes en nuestras vidas. Él nos guía. Él nos ama. Él está con nosotros.

Somos como David en que fallamos, pero Jesús no. Nos preocupamos, pero Jesús entiende. Jesús sabe que este mundo está roto, triste y aterrador. Pero cuando sostenemos lo que nos preocupa junto a las buenas noticias del evangelio, nos damos cuenta que podemos descansar porque Él ya ha hecho todo por nosotros. Su victoria es eterna.

¿Qué puedes hacer esta semana para recordar la verdad: que Jesús, tu Pastor, está contigo, te ama, te consuela, te guía, te sostiene y te protege?

NOTAS

La semana pasada, completaron el estudio personal de la segunda sesión en sus libros. Si no has podido hacerlo, ¡no pasa nada! Todavía puedes seguir las preguntas, participar en la discusión y ver el video. Cuando estés lista para comenzar, abre tu tiempo de oración y pulsa el botón de reproducción del vídeo de la segunda sesión.

VER

Escribe cualquier pensamiento, versículo o cosa que quieras recordar mientras ves el vídeo de la segunda sesión de *Ansiedad*.

DEL ESTUDIO DE ESTA SEMANA

En grupo, repasen el versículo para memorizar de esta semana.

Muchos son los que dicen de mí: No hay para él salvación en Dios. Selah. Más tú, Jehová, eres escucho alrededor de mí; Mi gloria, y el que levanta mi cabeza.

SALMO 3:2-3

REPASO DEL ESTUDIO SESIÓN DOS

Del día uno: En el Salmo 34:11, David habló de enseñar «el temor del Señor». ¿Cuáles son algunas de las cosas que aprendimos que el temor del Señor lleva a (incluye tus referencias favoritas del cuadro de la p. 21)?

Del día dos: ¿Qué versículos bíblicos te recuerdan que el Dios cuyo poder empequeñece a enemigos como Doeg y Satanás y a todos los demás es también el que más debemos desear y en el que más satisfechos podemos estar?

Del tercer día: ¿Te acercas al Señor de forma similar a como lo hizo David en el Salmo 61:1-4?

¿Qué es lo primero que haces cuando te sientes ansioso? ¿Es la oración? ¿Es TikTok®? ¿Son las patatas fritas y el queso?

Del cuarto día: ¿Cuál de estas tres descripciones de la obra de Dios en nuestras vidas significa más para ti en este momento? ¿Por qué?

Del quinto día: ¿Cuáles son algunos ejemplos de tu propia vida en los que tu Buen Pastor te ha cuidado, provisto, guiado y/o protegido?

COMPARTIR

¿Qué es lo más interesante que te ha preocupado esta semana?

¿Qué hemos aprendido sobre quién es Dios a través de nuestra mirada a algunos de los acontecimientos que provocan ansiedad en la vida de David?

¿Cómo te han ayudado las oraciones de David?

Cuando David huía de Absalón, oró: «Pero tú, Señor, eres escudo alrededor de mí» (Sal. 3:3a). Comparte un momento de tu vida en el que el Señor fue tu escudo.

En el primer día, vimos versículos de toda la Biblia que nos muestran lo que sucede cuando tememos al Señor. ¿Cuál de estos beneficios resuena en ti? Si te sientes cómoda haciéndolo, comparte un testimonio de esa experiencia en tu grupo.

ORAR

Comparte por turnos las ansiedades con las que estás lidiando en este momento e invita al grupo a hablar sobre cómo el evangelio habla de esas preocupaciones. Pasen el resto del tiempo en oración por los demás.

Para accesar los videos de enseñanza, usa las instrucciones de la tarjeta que vino con el estudio.

Sesión tres

JONÁS ANSIOSO

JESÚS ES NUESTRO REY EN LA LUCHA CONTRA LA ANSIEDAD

MAS BUSCAD
PRIMERAMENTE
EL REINO DE DIOS Y SU
JUSTICIA, Y TODAS
ESTAS COSAS OS SERÁN
AÑADIDAS. ASÍ QUE,
**NO OS AFANÉIS POR EL
DÍA DE MAÑANA**, PORQUE
EL DÍA DE MAÑANA TRAERÁ
SU AFÁN. BASTA A CADA
DÍA SU PROPIO MAL.

Mateo 6:33-34

DÍA UNO
¡CORRE!

Jonás I

Crecí en una época antigua. En una época anterior a que existiera el GPS. Una época en la que uno podía «perderse» en la ciudad en la que vivía y tener que dar vueltas hasta que algo le resultara familiar.

Aterrador, lo sé.

Lo peor era cuando iba en el asiento trasero del coche con mi madre al volante y veía sus hombros tensos y la oía murmurar: «Estamos perdidos . . . y este . . . es . . . un mal . . . barrio».

Estaba muy al tanto de los «barrios malos» y de todo lo que implicaban porque mi padre adoptivo trabajaba en el turno de noche como policía SWAT/piloto de helicóptero en Miami-Dade. En esa época, éramos el segundo condado con mayor índice de criminalidad en Estados Unidos. Sé estas cosas, porque por supuesto que las sé. Así que, como se pueden imaginar, sus respuestas a «¿Cómo fue el trabajo anoche, papá?» fueron . . . intensas.

Recuerdo que a menudo me desprendía del cinturón de seguridad y me convertía en uno con el suelo del coche. Mi gran miedo a que me mataran los malos superaba mi mediano miedo a morir en un accidente de coche sin el cinturón de seguridad puesto.

Así que definitivamente me identifico con Jonás y su precaución/miedo/aversión/pánico ante los «malos barrios» y la «mala gente» que hay allí. Me identifico con la huida de un lugar que da miedo. Veamos su situación en el Libro de Jonás.

Lee Jonás 1.

Ahora, echa un vistazo a los versículos 1-3.

¿Qué le dijo Dios a Jonás que hiciera?

¿Cómo respondió Jonás?

Esto es lo que hay que saber sobre Jonás y Nínive. Jonás era un israelita. Nínive era la capital de Asiria, que era el peor enemigo de Israel. Una cosa que los comentaristas dicen que los hacía tan temibles era que los ninivitas tenían una reputación establecida de tratar mal a sus enemigos.[1]

En otras palabras, el miedo de Jonás estaba justificado. Sería como si me hubieras pedido, durante mi momento de «uno con el tablero», que fuera a hacer un buen trote solo en la misma calle donde mi padre había sido tiroteado por asesinos narcotraficantes durante su último turno. El miedo de Jonás era racional, pero eso no significaba que no pudiera ser obediente.

¿Puedes pensar en algún momento de tu vida en el que hayas «hecho un Jonás» y hayas hecho exactamente lo contrario de lo que sentías que el Espíritu te impulsaba a hacer porque tenías miedo?

Lee Jonás 1:4-17.

¿Cómo respondió Dios a la desobediencia de Jonás?

En *el NIV Application Commentary «Comentario de aplicación bíblica NVI»*, James Bruckner, al reflexionar sobre cómo Jonás les dijo a los hombres del barco que lo tiraran por la borda, escribió: «El capitán espera lo que Jonás ya sabe, que su Dios es compasivo».[2]

Y luego, a medida que avanza la historia, vemos la compasión creativa y perfectamente oportuna de Dios en forma de un gran pez.

En el versículo 17, Jonás fue devorado por un pez. Yo solía pensar en esta parte de la historia como un castigo porque... asqueroso. Pero ¡qué misericordia! Dios estaba salvando la vida de Jonás. Un gran pez y un lugar oscuro le dieron una segunda oportunidad.

¿Puedes pensar en un momento de tu propia vida en el que Dios te dio una nueva oportunidad o una segunda oportunidad? Descríbelo a continuación.

Tal vez hayas crecido en la iglesia y todo el asunto de los peces que se comen a un hombre y que sobreviven te parezca totalmente normal. Pero tal vez usted es más como, *Esta es la más extraña, más ridícula historia religiosa nunca.*

Si eres más del segundo bando, esto me pareció realmente fascinante. ¿Has oído hablar de la *Enciclopedia Británica*? Pues bien, aparentemente, si te dirigieras a ellos para solicitar una investigación sobre el hecho de que Jonás fuera tragado por una ballena, te enviarían información que no sólo probaría científicamente la posibilidad de que un hombre pudiera ser tragado y sobrevivir en una ballena, sino que incluirían un artículo real sobre un suceso ocurrido en 1891. Un gran cachalote se trago a un marinero llamado James Bartley. La ballena fue capturada y su estomago fue abierto al día siguiente. El marinero fue encontrado en el estómago, inconsciente, pero vivo. Sobrevivió.[3]

Buena suerte para volver a meterse en el océano, pero me encanta que Dios haya permitido que eso ocurra. Qué días tan horribles para esa persona, pero qué historia tan útil para los escépticos. Dios es sobrenatural, trabaja dentro de este mundo natural que ha creado, y llega y rescata una y otra vez, de forma creativa y redentora.

Esta semana, hablamos de Jonás y de cómo Jesús es nuestro Rey en la lucha contra la ansiedad. A menudo, en mi vida, mis miedos son el rey. Mis dudas son el rey. Pero es tan grande recordar el poder del verdadero Rey.

Dios no sólo hizo que un pez gigante se tragara a Jonás; Él hizo el pez gigante. De la nada. Y no sólo hizo el pez gigante en el vasto océano; Él hizo el vasto océano. El Rey de tu corazón puede hacer mundos y mover ballenas para ayudar a sus hijos a dar el siguiente paso correcto.

¿Cuál es el siguiente paso correcto de obediencia para ti? ¿Qué es lo que has sentido que el Espíritu te guía?

Vuelve a leer Jonás 1:17.

«El SEÑOR tenía preparado» puede ser un gran consuelo.

¿Cuál es la situación que más temes en este momento?

¿Cómo le pedirías ayuda a Dios si realmente creyeras que es un Rey que hace océanos y mueve peces?

Termina este día reflexionando sobre las formas en que has visto la mano de Dios en situaciones en las que inicialmente tenías miedo. O escribe una oración pidiendo al Señor que te ayude a responder a las circunstancias que enfrentas con fe en lugar de con miedo.

DÍA DOS

ATASCADO EN UN PEZ

Jonás 2 y Romanos 8:26-30

Durante varios años de mi joven edad adulta, viví como esclava de un trastorno alimentario secreto. Mis disfunciones alimentarias y las medidas que tomaba para ocultarlas me dominaban por completo. La ansiedad que rodeaba a mi gran secreto era aplastante. Verás, yo no era sólo una persona. No era sólo una cristiana. Era una secretaria de la iglesia. Yo era una joven esposa de pastor. Era una estudiante de una universidad cristiana. Yo era todas estas cosas muy super-cristianas, y estaba segura de que si confesaba mis pecados, lo perdería todo.

Así que luché en secreto. Oraba y lloraba y pedía a Dios en silencio que me curara. Sin embargo, mis oraciones no parecían llegar lejos, y era porque mi corazón estaba lleno de orgullo. No estaba dispuesta a ser obediente a la guía del Espíritu. Mi pecado era el rey en mi vida, y por mucho que quisiera adorar al verdadero Rey, sentía que mis miedos me mantenían estancada. Dios seguía llevándome a Proverbios 28:13: «El que encubre sus pecados no prosperará; Mas el que los confiesa y se aparta alcanzará misericordia».

Pero tenía demasiado miedo. Tenía miedo de que si obedecía, si confesaba, lo perdería todo. Pensé que destruiría mi reputación. Pensé que mi marido me dejaría. Pensé que mi familia se disgustaría y me repudiaría.

¿Qué temores tienes que te impiden obedecer cuando encuentras un mandato en la Palabra de Dios o una dirección del Espíritu Santo?

Mis preocupaciones me mantuvieron atascada en patrones de pecado por tres años. Pero cuando finalmente confesé mi pecado a otros, Dios tomó ese momento de debilidad y obediencia, y me sanó. Mi deseo de anestesiarme con la comida se evaporó, y nunca luché más con eso. Fue tal vez lo más milagroso que he experimentado.

Lo que siempre digo antes de contar esta historia es que hay cosas por las que he estado orando toda mi vida y que aún no se han resuelto. Sé que Dios no siempre da una curación milagrosa de la noche a la mañana, pero a veces lo hace. Jonás y yo tenemos eso en común. Dios es capaz de orquestar grandes entregas milagrosas.

¿Tienes una historia como la mía? ¿Una vez que tocaste fondo/el fin de ti mismo y te sentiste atrapado en algo de lo que no podías salir? ¿Corriste hacia el Señor en busca de ayuda o huíste de Él? Comparte un poco de tu experiencia a continuación.

El comentarista James Montgomery Boice dijo lo siguiente sobre este punto de la historia de Jonás:

> El concentrarse tanto en lo que pasó dentro del gran pez y así nublar lo que pasó dentro de Jonás es un gran error . . . Así que ahora nos debemos enfocar en la oración de Jonás a Dios desde el vientre del pez. A medida que la leemos descubrimos que la oración revela la magnitud del milagro. Muestra que aunque Jonás había sido traído a las profundidades de la miseria dentro del pez, aún así encontró la misericordia de Dios en su miseria. Él descubrió que aunque él había abandonado a Dios, Dios no lo había abandonado a él, aunque lo parecía. En breve, Jonás encontró la salvación incluso antes que el pez lo vomitara a la tierra.[4]

Se te pone la piel de gallina, ¿cierto?

Un corazón humano que recibe la misericordia de Dios es un milagro.

Jonás no oró palabras mágicas que le dieran una segunda oportunidad. Su corazón cambió. Su miedo dejó de gobernar sus acciones, y habló con Dios con humildad y desesperación. Eso es un milagro.

En siguiente espacio, escribe sobre un momento de tu vida de fe en el que experimentaste el milagro de un cambio de corazón —una postura ascendente— un momento en el que dejaste de perseguirte a ti mismo y empezaste a perseguir al Salvador. Si nunca has experimentado algo así, escribe sobre lo que sientes que te frena. ¿Es el miedo? ¿Es el orgullo? ¿Es el deseo de mantener el control?

Lee Jonás 2.

Hasta que estudié este pasaje, nunca me di cuenta de que la oración registrada de Jonás hace referencia a una oración anterior. Desde el vientre del gran pez, en el versículo 2a, dijo: «En mi angustia clamé al SEÑOR...» (NBLA) refiriéndose a la oración de desesperación que hizo cuando fue arrojado por la borda, enfrentando la muerte.

Esto es lo que me parece genial. Es imposible que en ese momento, mientras era arrojado de la barca a la tormenta, Jonás dijera una petición cuidadosamente redactada y perfectamente elaborada al Dios que controlaba la tormenta. Me pregunto su su oración era un simple «¡AAAA!» o «¡Ayuuuuuuda!» o «¡DIOOOOOS!»

En algunos de mis momentos más bajos, mis oraciones eran menos de palabras y más de desesperación. Uno de los innumerables y hermosos misterios del Espíritu Santo es que cuando vive en ti, intercede por ti. Te ayuda a rezar cuando no sabes qué decir.

Lee Romanos 8:26-30.

¿Cómo te sientes de débil en este momento?

A la luz de tu debilidad, ¿qué crees que el Espíritu podría orar en tu favor?

En ese pequeño pasaje de Romanos no sólo tenemos al Espíritu Santo intercediendo por nosotros, sino también al Padre obrando todas las cosas para nuestro bien y al Hijo mostrándonos cómo vivir en la promesa de ser justificados y glorificados.

Sea que estés sola o en tu sofá ahora mismo o sarandeada en el bote de la tormenta, tú tienes a un Rey increible en la pelea contra la ansiedad. Tienes a un Rey que ora por ti aún cuando el asegura que vas a ganar.

Vuelve a ver Jonás 2, concretamente el versículo 9. ¿Qué vemos aquí como parte de la oración de Jonás?

Te voy a decir la respuesta. Es la gratitud. He oído decir que el agradecimiento es el remedio a la ansiedad. Es difícil tener miedo cuando sabes por qué estás agradecido. Recuerda el milagro de la misericordia de Dios y abandona tu preocupación.

En el espacio de abajo, escribe una oración de agradecimiento y pídele a Dios que te libere de lo que te angustia hoy o que te ayude a abandonar lo que te impida seguir la guía del Espíritu Santo en tu vida.

DÍA TRES

GRANDES CIUDADES Y ARPILLERA Y CON MÁS PROBABILIDAD DE SER ASALTADO

Jonás 3; Lucas 11:11-13; y Juan 3:16

Actualmente (y desde el principio de los tiempos) me pongo ansiosa cuando visito grandes ciudades. *¿Seré capaz de averiguar cómo y dónde aparcar? ¿Me asaltarán? Probablemente, la mayoría de los robos de coches se producen en las grandes ciudades, ¿no? Si sobrevivo a los intentos de asalto y robo, ¿recordaré dónde he aparcado?*

En este punto, ya hemos establecido que Dios estaba enviando a Jonás aun lugar llamado Nínive y que allí había gente que daba miedo. Y, adivinen qué, todavía hay gente que da miedo allí. Nínive se llama ahora Mosul, Irak, que podría ser el país número uno que no quieres visitar si eres un cristiano. En 2019, la *BBC* publicó un artículo titulado «Los cristianos de Irak "cerca de la extinción"».[5]

Pensar en esos peligros me ayuda a sentir compasión por Jonás al leer su historia. Jonás fue a una gran ciudad con gente temible y violenta porque Dios le pidió que fuera.

Sé que da miedo escribir esto en un papel, pero ¿cuál es el lugar al que te costaría ir si sintieras que Dios te lleva allí? ¿Por qué?

Siempre he odiado las preguntas como la que acabo de hacer. Una parte rota de mí a veces se olvida de la bondad de Dios y supone que va a por mí. Como, mejor que no le diga a Dios lo que no quiero hacer porque entonces seguro que me obliga a hacerlo.

¿Alguna vez te suena la cabeza así?
○ Sí
○ No

Lee Lucas 11:11-13. Preocuparse de que Dios nos persiga es olvidar la clase de Padre que es. Enumera algunos de los «buenos dones» que Dios te ha dado en el espacio siguiente.

Ahora veamos Jonás 3. Tal vez la parte más loca de esta historia es que cuando Jonás finalmente fue a visitar a sus peores y más violentos enemigos, ellos realmente lo escucharon.

Lee Jonás 3:5-10. ¿Cómo respondió el pueblo de Nínive al mensaje de Jonás y qué hizo Dios?

En la antigüedad, ayunar y vestirse de arpillera era una señal de luto. El versículo 5 comienza diciendo que los ninivitas «creyeron a Dios». El ayuno y el uso de ropas ásperas, de pelo de cabra, era una respuesta a su reconocimiento del pecado. Lloraron su pecado. La creencia fue lo primero. Seguido por el arrepentimiento. Seguido por la misericordia de Dios. Es tan asombroso y simple, pero esta es otra forma en que los preocupados pueden equivocarse. En realidad puede ser frustrante y aterrador leer un ejemplo como ese.

Mi cerebro, por ejemplo, puede leer fácilmente el capítulo 3 y pensar: *Pero, ¿cómo hago para encontrar la postura correcta del corazón? ¿Cómo me aseguro de que mi arrepentimiento es suficiente? ¿Es mi descuento de arpillera elegible?*

Sin embargo, debería ser mucho más fácil para nosotros arrepentirnos y alegrarnos y descansar en el perdón de Dios de lo que fue para los ninivitas. No sólo tenemos el mensaje de Jonás; tenemos las acciones de Jesús.

Leer Juan 3:16 (o simplemente recítalo para ti misma).

Ahora subraya, encierra en un círculo, resalta o graba a fuego la siguiente frase en tu cerebro. *Jesús es suficiente.*

La perfección de Jesús, no tu pecado, su sacrificio en la cruz, no tu cilicio, su poder, no tu debilidad, es lo que Dios ve y aprueba y por lo que Dios ama sin parar y perdona sin volver atrás.

Cuando nos quedamos atrapados en «nuestra parte», es cuando aparece la ansiedad. Como dice el viejo himno,

> Vuelve a tus ojos a Jesús,
> Mira de lleno en su maravilloso rostro,
> Y las cosas de la tierra se oscurecerán extrañamente,
> A la luz de Su gloria y gracia.[6]

Dentro del siguiente gráfico, haz una lista de afirmaciones «creo . . . » sobre Dios y respáldalas con referencias de las Escrituras. Aquí hay algunos lugares para buscar:

ROMANOS 6:22	2 CORINTIOS 3:17	EFESIOS 2:8-9
2 TIMOTEO 1:7	1 PEDRO 2:16	1 JUAN 1:9

YO CREO . . .

Por ejemplo, creo que nada puede separarme del amor de Dios (Rom. 8:38-39).

Esto es lo que pasa. Cuando creamos en la bondad de Dios, no nos importará tanto dónde nos pida que vayamos. Cuando recordamos que nosotros también fuimos como los ninivitas y Dios respondió a nuestro arrepentimiento con gracia y más gracia, podemos preocuparnos menos por las ciudades que esperamos no ver nunca o por el hecho de que nunca hayamos tenido tela de saco. El Rey que nos guía nos ama.

Quiere que tengamos una relación vibrante y siempre creciente con Él. Quiere que experimentemos la alegría de confiar y obedecer.

En el espacio siguiente, escribe una oración. Pide al Señor que te ponga en una misión que te ayude a ser cada vez más consciente de que Él está en el trono, que es bueno, y que tus ansiedades no tienen el poder de gobernarte.

DÍA CUATRO

AL PREFERIR LA MUERTE

Jonás 4

Unos años después de que trajéramos a nuestra dulce Joy de China, pedí una cita con un consejero. Me senté en la oficina de mi consejero con un problema: no sentía lo que creía que debía sentir. Haciendo eco del sentimiento del apóstol Pablo en Romanos 7, no sentía lo que quería sentir. Me sentía de una manera que odiaba.

Quería que el amor fuera la solución en nuestra historia de adopción. Quería que el vínculo se produjera más rápidamente, incluso de forma instantánea. Quiero decir, ¿no se supone que los cristianos viven repletos de amor sobrenatural por los demás? ¿Cómo podría yo, nueva madre de este milagro, sentir algo más que asombro y gratitud? ¿Por que me frustro tan fácilmente con nuestra hija —una antigua huérfana— cuando no se comporta correctamente o incluso cuando no puede hacer las cosas con facilidad? ¿Qué clase de monstruo siente algo más que compasión y afecto por un niño discapacitado?

Traigo esto a colación porque, si leyera Jonás 4 a través de la lente de mi viejo y piadoso yo de la iglesia, sería como, *espera un segundo. Jonás acaba de tener una segunda oportunidad de amar a sus enemigos, ¿y ellos realmente escucharon? ¿Y se volvieron al Señor? Misión cumplida. Jonás estaba a salvo. ¡¿Por qué el capítulo cuatro comienza de la manera en que lo hace?!*

Me estoy adelantando, ¿cierto?

Adelante, ¡lee Jonás 4.

¿Cómo nos dice el versículo 1 que se sintió Jonás después de todo lo que Dios acababa de hacer con él?

¿Te sientes identificada con Jonás? ¿Puedes pensar en una ocasión en la que sabías cómo debías actuar/sentir/creer, pero te encontraste mal?

Si eres sincero, creo que tienes que decir que sí. Ansiamos tener el control —pequeños dioses de nuestro propio universo— haciendo los planes y tomando las decisiones. Jonás estaba tan enojado porque Dios se apiadó de los malvados ninivitas que literalmente le pidió a Dios que lo dejara morir (v. 3). Vaya.

¿Qué es lo último que consta que dijo Jonás en el libro bíblico que lleva su nombre (v. 9b)?

Son unas últimas palabras muy intensas para un libro de la Biblia. No fue el mejor momento de Jonás. Probablemente no son las palabras que él querría en su lápida, o, no sé, al final de su libro titular en las Sagradas Escrituras.

Pero esto es lo bueno. Jonás no es el héroe de este libro.

Ni siquiera la BALLENA, el salvador que vomita con precisión, es el héroe de este libro. La autora y maestra de la Biblia Priscilla Shirer lo dijo así: «Estos cuatro pequeños y sencillos capítulos no son realmente sobre la ballena; son sobre nuestro Dios».[7]

Lee Jonás 4:10-11. ¿Qué te dice el final de este libro sobre Dios?

Hay mucho que aprender de la historia de Jonás. Aprendemos que Dios es clemente y lento para la ira. Aprendemos que el plan de Dios es la redención cuando nuestro plan podría ser la venganza. Jonás reaccionó equivocadamente al ver que Dios derrochaba su misericordia con el pueblo de Nínive, la misma misericordia que había salvado a Jonás una y otra vez. Podría haberse emocionado y agradecido por la compasión de Dios en su propia vida y la compasión de Dios por sus enemigos. Pero terminó amargado y miserable.

Hay dos cosas que no quiero que pasemos por alto aquí: 1. Jonás se perdió la alegría que podría haber experimentado al ser utilizado por Dios en la redención de los ninivitas. 2. Incluso cuando Jonás se sentía enojado y sin esperanza, Dios continuamente trató de comprometerse con él. Dios no lo dejó solo en su mala actitud. Y Dios hace lo mismo con nosotros. Él se compromete con nuestros corazones, incluso cuando nuestros corazones son duros.

Cuando observas las circunstancias y las luchas de tu propia vida, ¿te centras en el papel que desempeñan los demás? ¿Te centras en tu propia parte? ¿O buscas a Dios? ¿Buscas la esperanza —la curación, la redención, el proyecto de restauración— que Jesús está llevando a cabo?

En el espacio siguiente, enumera algunas de las circunstancias que actualmente te cuesta resolver. ¿Dónde está Dios? ¿Qué crees que está haciendo tu Rey?

No tengo la imagen completa, pero ya puedo ver mucho de la presencia y el poder de Dios en la historia de Joy y esta familia adoptiva en la que la ha puesto. Cuando luché por sentir las cosas correctas, fui consolada por otra madre adoptiva que compartió que ella también había sentido las mismas cosas. Cuando Dios nos permitió pasar por varios problemas médicos con Joy, me sorprendió cómo usó esas situaciones para unirnos más como familia. No entiendo cómo funciona todo esto, chicos. Pero sé que Dios nos bendice con los dones más asombrosos. Regalos como la curación. Regalos como el crecimiento. Regalos como la capacidad de recostar nuestras cabezas por la noche sin sentir el peso de nuestras cargas. Regalos como tener corazones capaces de decir: «Dios, esto duele, pero gracias por ello». Dios sabe cómo amar cuando Él nos guía.

DÍA CINCO

¡JONAS, NÍNIVE, Y TÚ!

Mateo 6:25-34 y Mateo 12:38-41

Anoche, tuve un sueño sobre la grabación de los vídeos para este estudio bíblico. Prepárate, porque sé que no hay nada más fascinante, interesante y útil que escuchar los detalles del sueño súper extraño de alguien. ◡̈

Era el primer día de grabación de los vídeos para este estudio (sobre la lucha contra la ansiedad con la Palabra de Dios). En mi sueño, llegué al set, y todo lo que llevaba puesto o lo que había traído para cambiarme estaba manchado, lleno de bolitas, y tenía enormes agujeros. Entonces, el productor se acercó y dijo: «Scarlet, queremos que te pongas este traje de Anna, así que te vestirás como la princesa de Frozen® mientras enseñas la Biblia, ¿de acuerdo?». Y entonces asentí con la cabeza y entré en el vestuario para saber que el traje era de la talla de un niño pequeño. Todo fue una tragedia.

Esto sólo demuestra dónde estaba mi mente. *¿CÓMO PUEDO ENSEÑAR UN ESTUDIO BÍBLICO SIN LA ROPA ADECUADA?*

BIEN. Ahora, hazme sentir mejor respondiendo a la siguiente pregunta, por favor.

¿Cuándo fue la última vez que te fijaste en un aspecto súper no importante mientras te preparabas para algo importante?

¿Qué era lo importante en esa situación y en qué te centraste en su lugar?

Es realmente triste que Jonás, incluso después de no obedecer a Dios en su temor, incluso después de su segunda oportunidad, incluso después de obedecer y ser utilizado por Dios en tal forma clara, perdió el foco. Jonás era escencialmente el portador de un disfraz de Ana del tamaño de un niño pequeño del Antiguo Testamento. A lo largo de esta historia, vemos a un Jonás ansioso y cobarde convertirse en un Jonás enojado y amargado, pero durante toda la historia, sus ojos estaban en el premio equivocado.

Tanto la ansiedad como la ira suelen revelar un corazón centrado en las cosas equivocadas.

Entonces, ¿qué debemos hacer? A menudo estamos ansiosos, enfadados, amargados y resentidos, ¿no es así? O estamos demasiado ocupados llenando nuestras bolsas o nuestros carritos de Amazon® sin darnos cuenta. Entonces, ¿cuál es la cura? ¿Quién es nuestra esperanza? ¿Cómo podemos tener paz y ser personas consumidas por el amor en lugar del miedo? ¿Cómo podemos evitar un final como el de Jonás?

Desde luego, no es esforzándose más, haciéndolo mejor y fingiendo hasta conseguirlo.

Leamos Mateo 6:25-34. ¿Qué dice el título de tu Biblia justo antes del versículo 25? Si tu Biblia no tiene un encabezamiento, ¿cuál crees que podría ser?

Mirando mi versión, la NVI (Nueva Versión Internacional), dice: «De nada sirve preocuparse». Antes de continuar leyendo las palabras vivas de Jesús en Mateo 6, Quiero que ores para que el Espíritu elimine cualquier cinismo o incredulidad que te lleve a pensar que no hay una esperanza real. Jesús dice que confiemos en Él. Creamos en Él.

Ahora mira el versículo 25. ¿Estás de acuerdo en que «la vida [es] más que el alimento y el cuerpo [es] más que el vestido»? ¿Por qué o por qué no?

Es más fácil estar de acuerdo que creer. Tal vez estés de acuerdo en que la vida es más que comida y ropa, pero tus acciones dicen lo contrario. Tal vez has seguido a Dios a Nínive, pero tus emociones no se alinean con tu misión. Tal vez tu atención se centra en cosas poco sólidas porque tu corazón duda de lo que es sólido.

Entonces, ¿cuál es la raíz de nuestra ansiedad? La Biblia de Estudio de la ESV dice: «Estar ansioso... demuestra una falta de confianza en Dios, quien promete que se ocupará graciosamente de "todas estas cosas"».[8]

Lee los versículos 26-34. Jesús nos dijo que consideráramos los pájaros y las flores. ¿Qué otras cosas podemos considerar, no enumeradas en este pasaje, que Jesús cuida y sostiene? Enumera todas las cosas que puedas en el espacio siguiente.

Vemos a Jesús aquí, en su infame Sermón de la Montaña, diciéndonos por qué estamos ansiosos. Nos preocupamos por la comida y la ropa y el video dispara y se desquita y se recompensa, y todo se reduce a ¡YO-YO-YO-YO-YO-YO-YO!

¿Qué hacemos entonces? Copia Mateo 6:33 en el espacio de abajo.

¿A qué se refiere «todas estas cosas»?

«Todas estas cosas» son las que perseguimos. La comida. La ropa. Estatus.

Seguridad. El secreto es que sólo cuando perseguimos al Rey encontramos satisfechas nuestras necesidades y, lo que es más importante, nuestras almas.

Jesús es nuestro Rey en la lucha contra la ansiedad. Tiene que serlo.

Lee Mateo 12:38-41. Incluso el pecador, ansioso y amargado Jonás fue utilizado por Dios. Enumera algunas de las formas en que Dios lo usó para señalar a la gente hacia Él.

Lo más importante de Jonás es que nos señala a Jesús. «Hay algo más grande que Jonás» (v. 41). ¡Gracias a Dios! Jonás supo predicar el arrepentimiento, pero luego se quejó cuando funcionó. Jesús predica el arrepentimiento, pero luego, cuando nos volvemos e invocamos su nombre, nos perdona. Chicos, ¡Jesús nos perdona! Él nos perdona cuando estamos demasiado ansiosos para obedecer. Nos perdona cuando obedecemos con malos motivos. Él nos perdona cuando perdemos el enfoque y no confiamos en Él y hacemos de nuestros temores nuestro rey temporal. El Rey Jesús puede cuidar de nosotros. El Rey Jesús va a cuidar de nosotros.

¿Meditas en esta realidad? ¿Predicas las buenas nuevas de la muerte y resurrección de Cristo a tu corazón cuando te sientes ansiosa, o ensayas, reflexionas y meditas cosas que conducen a la amargura? Practica a continuación la redacción de un sermón de tres o cuatro frases para tu corazón ansioso.

La semana pasada, completaron el estudio personal de la Tercera Sesión en sus libros. Si no has podido hacerlo, ¡no pasa nada! Todavía puedes seguir con preguntas, participar en la discusión y ver el video. Cuando estés lista para comenzar, abre tu tiempo en oración y pulsa el play en el video tres para la sesión tres.

VER

Escribe cualquier pensamiento, verso o cosa que quieras recordar mientras ves el vídeo de la tercera sesión de *Ansiedad*.

DEL ESTUDIO DE ESTA SEMAMA

En grupo, repasen el versículo para memorizar de esta semana.

Mas buscad primeramente el reino de Dios y su justicia, y todas estas cosas os serán añadidas. Así que, no os afanéis por el día de mañana, porque el día de mañana traerá su afán. Basta a cada día su propio mal.

MATEO 6:33-34

REPASO DEL ESTUDIO SESIÓN TRES

Del Primer día: ¿Qué le dijo Dios a Jonás que hiciera y cuál fue su respuesta? ¿Cómo respondió Dios a la desobediencia de Jonás?

Del Segundo día: ¿Qué temores tienes que te impiden obedecer cuando encuentras un mandato en la Palabra de Dios o una dirección del Espíritu Santo?

Del Tercer día: ¿Cómo respondió el pueblo de Nínive al mensaje de Jonás y qué hizo Dios?

Del Cuarto día: ¿Qué te dice el final del libro de Jonás sobre Dios (Jonás 4:10-11)?

Del Quinto día: Aparte de los pájaros y las flores, ¿qué más podemos considerar que Jesús cuida y sostiene?

COMPARTIR

En esta sesión, vimos el Libro de Jonás y estudiamos la historia de Dios ofreciendo misericordiosamente y creativamente a Jonás una segunda oportunidad. Si te sientes cómodo con ello, comparte sobre una vez que Dios te dio una segunda oportunidad.

La idea principal de esta sesión es «Jesús es nuestro Rey en la lucha contra la ansiedad». ¿Qué cosas has hecho «Rey» en tu vida que contribuyen a la ansiedad? ¿Por qué Jesús es mejor Rey que esas cosas?

¿Qué versículos de esta sesión se te han quedado grabados y te han ayudado a la hora de luchar para que Jesús sea el Rey de tu vida y luchar contra tus miedos?

El versículo para memorizar de esta semana trata sobre la búsqueda del reino. Traten de recitar el versículo juntos como grupo. Luego, hablen de lo que Dios podría hacerles buscar individualmente o como grupo para Su reino esta semana.

ORAR

Tomen por turnos compartiendo las peticiones de oración y agradeciendo a Dios el poder de Su perdón y el poder que nos da para perdonar a los demás. Dedica el resto del tiempo a la oración. Tal vez, si se sientan en círculo, cada mujer puede orar por la mujer de su derecha, para que puedan buscar primero el reino de Dios y encontrar libertad de sus preocupaciones.

Para accesar los videos de enseñanza, usa las instrucciones de la tarjeta que vino con el estudio.

Sesión cuatro

MOISÉS ANSIOSO

JESÚS ES NUESTRA FUERZA EN LA LUCHA CON LA ANSIEDAD

Y MOISÉS DIJO AL PUEBLO:

NO TEMÁIS; ESTAD FIRMES,

Y VED LA SALVACIÓN QUE JEHOVÁ

HARÁ HOY CON VOSOTROS; PORQUE

LOS EGIPCIOS QUE HOY

HABÉIS VISTO, NUNCA MÁS

PARA SIEMPRE LOS VEREÍS.

JEHOVÁ PELEARÁ POR VOSOTROS, Y

VOSOTROS ESTARÉIS TRANQUILOS.

Éxodo 14:13-14

DÍA UNO

CUANDO LA CANASTA DEL BEBÉ NO ES TAN BONITA

Éxodo 3, Isaías 6:1-8; y 1 Juan 3:1

Esta semana, en el colegio, mi hija de cinco años hizo una «Manualidad del bebé Moisés». Coloreó un pequeño bebé, lo pegó a un dibujo de una cesta y lo pegó todo a una esponja. Luego tenía que poner la esponja en un cuenco de agua y ver cómo flotaba como el bebé Moisés. ¡Yupi! ¡Flotó! ¡Adorable! ¡Qué divertido!

¿Cierto?

He aquí otras palabras en las que pienso cuando veo esta dulce artesanía:

- ahogamiento;
- ansiedad por separación;
- trauma;
- genocidio;
- la esclavitud;
- la horrorosidad general.

Tengo que confesar algo. No me gustan las manualidades. Pero a mi hija le encantó la manualidad. Sólo que me sentí menos «¡Yupi!» y más desconcertada por la imagen. Cuando eres pequeño y cortas un trozo de esponja para poner una foto de bebé, es más difícil imaginar la gravedad de ese relato histórico que cuando eres madre con bebés propios.

El asunto es el siguiente. La realidad de esa pequeña esponja artesanal representa un momento real en el que los bebés varones eran arrebatados de los brazos de sus madres y sacrificados. La embarcación de esponja se apoyó en una situación difícil.

Cuando estábamos en el proceso de adopción de nuestra hija, Joy, vimos horas de formación en video y leímos libros obligatorios en los que se detallaba el trauma que sufre un niño cuando es separado de su madre biológica. Nos dijeron una y otra vez que toda adopción internacional es una «adopción con necesidades especiales». Aprendimos que, cuando una madre mece a su bebé instintivamente, su oído se estimula, lo que le permite aprender y ayuda a su cerebro a establecer conexiones. Aprendimos sobre la angustia mental y física que sufre un bebé cuando no puede estar con su madre.

Digo todo esto para decirte que la experiencia de Moisés con la ansiedad probablemente no empezó cuando vio una zarza en llamas que no ardía. Probablemente ni siquiera comenzó cuando mató a un egipcio y huyó. Es más probable que empezara cuando era un bebé, separado de su madre y metido en una cesta en un río, por él mismo.

Todas las adopciones son adopciones con necesidades especiales nacidas de un trauma. Así que aquí estamos al principio de Éxodo 3. Hasta este momento, Moisés había pasado su vida en una familia extranjera, descubrió que era adoptado, descubrió que su pueblo era un esclavo maltratado y huyó tras matar a un egipcio. Y ahora hay un arbusto en llamas que no se consume, y una voz sale de él.

Lee Éxodo 3. Haz un dibujo de lo que le ocurrió a Moisés en este capítulo.

Mira el versículo 1. ¿Qué cosa mundana y fiel estaba haciendo Moisés cuando el ángel del Señor se le apareció en la zarza ardiente?

A menudo es en los momentos mundanos de fidelidad cuando el Espíritu se abre paso y nos impulsa, nos habla, nos mueve, nos llama a la acción.

¿Qué partes de tu vida te parecen mundanas en este momento?

Cuando el Señor llamó a mi familia a adoptar, yo estaba activa en un grupo pequeño y caminaba en obediencia en formas pequeñas, invisibles y mundanas. Como les dije en el video de enseñanza de la tercera sesión, el Espíritu rompió mi corazón por las niñas abandonadas en China con necesidades especiales mientras conducía a la tienda de comestibles porque había olvidado comprar detergente para lavavajillas.

No hay nada como experimentar al Dios sobrenatural y todopoderoso mientras uno sigue con su vida natural e impotente, recogiendo detergente o cuidando ovejas.

Vuelve a leer los versículos 2-6.

¿Cómo respondió Moisés a Dios en el versículo 6?

¿Qué nos dice la respuesta de Moisés a Dios sobre él y sus sentimientos?

La forma en que Moisés respondió, cubriendo su rostro y sintiendo «miedo» (v. 6), como nos dice la Biblia, me recuerda a cuando Isaías entró en la sala del trono del Señor en Isaías 6 «y la cola de su manto llenó el templo» (v. 1b, NVI).

Pasa rápidamente a Isaías 6 y lee los versículos 1-5. ¿Cómo respondió Isaías a lo que vio?

Estaba aterrorizado, «deshecho» (v. 5, RVA), muy consciente de su indignidad al estar en presencia de Aquel que es Santo.

Lee Isaías 6:6-8. ¿Qué llevó al deshecho Isaías a pasar de «Estoy arruinado» (v. 5a) a «Aquí estoy. Envíame» (v. 8b)?

Dios es misericordioso.

Mirando la historia de Moisés, aquí hay algo genial. Una vez que Dios tuvo su atención con la zarza, dijo el nombre de Moisés dos veces. Aparentemente, en la antigua cultura judía, decir el nombre de alguien dos veces era una forma de mostrar amistad, afecto y cariño.[1]

Qué hermoso es que, incluso cuando reveló su poder imposible de comprender y ordenó a Moisés que hiciera una cosa difícil/espantosa/terrorífica/que amenazaba la vida, se dirigió a Moisés con amor, como un amigo, como un ser querido.

¿Alguna vez lees la Palabra de Dios o la escuchas en la iglesia y sientes miedo, como Moisés, por lo que encuentras? ¿Hay versículos específicos en la Biblia que te hacen sentir miedo?

La Biblia no es cálida y difusa, y Dios no es un oso de peluche. A menudo he descuidado al Señor porque le tenía miedo. Leía las palabras de Jesús a sus discípulos, cuando les hablaba del coste de seguirle. A veces, la persecución cristiana en el extranjero irrumpe en mi mente, y anhelo la comodidad, la cojinería y la ignorancia.

Pero eso es porque olvido cómo habla Él. Sí, Él tiene el poder de destruir toda la vida con un diluvio o fuego o simplemente con su voz. Pero no es así como le habla a los suyos. Él me llama «hija». Dice: «Escarlata, Escarlata...»

Lee 1 Juan 3:1. ¿Cómo debería afectar esta realidad a nuestro temor a Dios?

Porque somos hijos amados, podemos temer a Dios con temor, pero acercarnos a Él como Papá. Podemos caminar en obediencia, sabiendo que Él no nos promete una vida fácil, pero nos promete su amor y su presencia y su fuerza como propia.

Lee Éxodo 3:7-11.

¿Qué le pidió Dios a Moisés y cómo respondió éste?

¿Qué nos dice el encargo de Dios a Moisés sobre su carácter y sus propósitos?

La compasión y el cuidado del Señor son tan evidentes en estos versículos. Le dijo a Moisés que había oído los gritos y visto el dolor de su pueblo y que iba a rescatarlo. Y quería usar a Moisés para hacerlo. ¿Qué tan loco es eso?

Lee Éxodo 3:12 y cópialo.

En el espacio de abajo, quiero que escribas las cosas que temes que Dios te pida. Luego escribe: «Ciertamente estaré contigo» después de cada una. Dios no nos envía solos. Cuando vamos, vamos con Su cuidado, Su fuerza y Su nombre. Sea cual sea tu preocupación, pide a Dios que te ayude a confiar en Él.

DÍA DOS

¿POR QUÉ TEMER A LO QUE SÍ DA TERROR CUANDO SE PUEDE TEMER A LA CONVERSACIÓN?

Éxodo 3:13-22 y Juan 8:56-58

Lo sé, ¿vale? Sé que vivimos en un mundo de problemas legítimos. Sé que hay innumerables cosas que una persona normal debería temer. No hace falta que haga una lista de ellas porque ya sabes cuáles son. Las realidades de los adultos. Podemos preocuparnos por el mal, el abuso, el dolor y la muerte. Esas son las cosas que realmente dan miedo. Entonces, ¿por qué mi ansiedad número uno suele ser la siguiente?

Si digo esto, y ella dice lo otro, ¿qué digo? Y si lo digo, ¿lo diré de la manera correcta? ¿Qué dirá ella? Si ella dice algo que yo no creo dirá, ¿entonces qué debo decir? ¿Y si no digo nada? ¿Pero qué pasa si ella está súper molesta porque no digo nada? ¿Y si Jesús pudiera volver ahora mismo y decir algo antes de que yo tenga que decir algo o no decir nada?

Quizás estés poniendo los ojos en blanco porque nunca te angustiarías por una situación tan tonta. Pero seguro que te preocupas por otras cosas que no son exactamente de vida o muerte.

La mayoría de nosotros lo hacemos. Y yo diría que descuidar las cosas que realmente dan miedo y, en cambio, preocuparse por la incomodidad de las relaciones u otras pequeñas preocupaciones es una forma muy humana y muy intemporal de responder a problemas mayores. La mayoría de las veces que tengo miedo de cosas tontas como conversaciones que no existen, tengo tensiones mucho más serias en el fondo de mi mente.

Spoiler: estás a punto de leer sobre Moisés haciendo exactamente esto.

Lee Éxodo 3:13. Dios le dijo a Moisés que fuera a sacar de Egipto a los israelitas, que habían sido esclavos durante cuatrocientos años. Si Dios te dijera que hicieras algo de esa magnitud, ¿cuáles serían tus primeras preguntas?

Dios le dijo a Moisés que regresara a un lugar donde era conocido como un asesino fugitivo y rescatara a una nación de esclavos. Y si lees la conversación, suena mucho a, *si digo esto . . . y ellos dicen esto . . . ¿qué digo después?*

La ansiedad puede llevarnos a centrarnos en las cosas equivocadas. Las cosas pequeñas

Imagina que estás parado en medio de la carretera, en una colina, y que un coche a toda velocidad se acerca a ti. La respuesta normal al miedo sería temen el peligro inminente y responden quitándose de en medio. La mejor respuesta a esa situación sería que tus piernas empezaran a apartarse de la trayectoria del coche. Pero, ¿y si te centras en preocupaciones menores? *Aguanta. ¿Qué vas a hacer si tu seguro no cubre la factura del hospital? Si te lanzas fuera del camino y pierdes el teléfono, ¿quién llamará a la policía? Por favor, no estropees tus vaqueros favoritos.*

Cuando un coche está a punto de atropellarte, no tienes tiempo para la ansiedad. Te apartas del peligro. No te preocupas por el seguro ni por la ubicación del móvil.

Moisés hizo lo mismo que nosotros. Se centró en los problemas cuando lo que tenía que hacer era recordar que Dios le había llamado a esto y que Dios le llevaría a través de esto.

¿Te parece reconfortante la fe imperfecta de Moisés? ¿Por qué o por qué no?

Podemos reconfortarnos sabiendo que los héroes de la fe eran personas vacilantes como nosotros. Personas que cuestionaban el plan de Dios. Gente que probablemente tenía ansiedad en lugar de sentir asombro y confianza en su interacción con el gran «YO SOY».

Lee Éxodo 3:13-22.

En los versículos 13-14, Moisés básicamente le preguntó a Dios su nombre, y Dios le dio una respuesta aparentemente extraña. ¿Qué dijo Dios que era su nombre?

¿Qué quiso decir? Haz una búsqueda rápida en Google® o mira dentro de una Biblia de estudio para ver qué encuentras sobre este nombre de Dios. Anota tus hallazgos en el espacio siguiente. (¡Y comparte algunas con tu grupo cuando se reunan!).

YO SOY nos dice que Dios existe. De hecho, «YO SOY EL QUE SOY» significa que Dios debe existir. Dios es el único Ser Necesario. Eso nos lleva a la verdad de que nada puede existir sin que Dios le dé existencia. YO SOY EL QUE SOY. Dios no puede no existir. Y todo lo demás no puede existir sin Él. Pero quizás la aplicación más significativa de este nombre que Dios le dio a Moisés es que Dios, como dijo John Piper, «se ha acercado a nosotros en Jesucristo».[2]

Lee Juan 8:56-58. En el versículo 58, vemos que Jesús dijo algo muy poderoso. ¿Qué dijo, y qué tiene que ver con el nombre de Dios en Éxodo 13?

Jesús estaba reclamando el nombre del gran "Yo soy". Jesús le estaba diciendo al mundo que Él no es sólo un maestro, o sólo un sanador, o sólo un hacedor de milagros. Él es el YO SOY. Él es Dios. Él es la existencia misma en un cuerpo humano, venido a salvar al mundo.

Eso es lo que Moisés tenía en su equipo y eso es lo que tenemos para siempre. No tenemos que estar ansiosos porque Jesús es YO SOY. YO SOY existió antes que cualquier otra cosa y todo lo que es, es, porque Él es. Él puede manejar tu conversación incómoda sin importar cómo se desarrolle.

YO SOY vino a este lugar roto, triste y aterrador para vivir, morir y resucitar. Él es más poderoso incluso que la muerte.

Cuando miramos la vida de Moisés, vemos a un hombre débil utilizado poderosamente por un Dios fuerte. ¿No es eso un alivio? Dios no necesita que «seamos impresionantes». Él es impresionante. Quiere que le amemos y le obedezcamos, incluso cuando no nos sintamos valientes, incluso cuando tanteemos nuestras palabras y oraciones y las respuestas a su dirección en nuestras vidas.

En el espacio siguiente, enumera algunos de los impresionantes atributos de Dios que se muestran en esta historia y agradécele por ser tan bueno.

DÍA TRES

UNA TIROIDES DESCOMPUESTA Y UN DIOS QUE VE

Éxodo 14:1-14

El año anterior a escribir este estudio, tuve una larga temporada DIFÍCIL.

Empecé a sufrir síntomas misteriosos que duraron meses. Me llevaron de un lado a otro, a diferentes médicos y máquinas, lo que finalmente condujo a los tumores al final de lo que es lo contrario de un arco iris. Los médicos pensaban que tenía cáncer, pero no estaban seguros. Fue una carrera dura. Sabía que, debido a mi relación con Cristo, podía (y debía) «considerar todo como alegría» cuando experimentaba «pruebas de diversa índole» (Stg. 1:2). Pero el asunto es que no estaba alegre. No estaba agradecida. En cambio, estaba triste y sola. Asustada y débil. No entendía por qué Dios estaba permitiendo que mi salud me fallara. Él estaba permitiendo un gran montón de cosas dolorosas y aterradoras y difíciles, y yo tenía más preguntas que respuestas.

¿Qué preguntas le hiciste a Dios en tu última temporada DIFÍCIL?

Lee Éxodo 14:1-4.

¿Qué le dijo Dios a Moisés que hiciera aquí?

¿Qué le dijo Dios a Moisés que haría el Faraón?

El primer puñado de versículos de Éxodo 14 es sorprendente. Hemos saltado hacia adelante un poco, pero lo que ha ocurrido, en pocas palabras, es que Dios hizo lo que dijo que haría, y utilizó a Moisés para liberar a los hebreos de la esclavitud. Luego Moisés los condujo por el desierto hacia Canaán, «la tierra prometida», donde serían libres para prosperar.

Pero entonces la historia da un giro. En el capítulo 14, vemos que mientras el pueblo de Dios probablemente seguía exhalando, los problemas volvían a aparecer. El faraón cambió su mente sobre la liberación de ellos y quería llevarlos de vuelta como esclavos. Y, prepárate, era el PLAN DE DIOS. ¡¿Qué?!

¿Puedes pensar en un momento de tu vida en el que sentiste que Dios estaba causando o permitiendo que te sucediera algo duro o negativo? ¿Cuáles fueron las circunstancias?

Dios, el Creador y Soberano YO SOY, está tan involucrado y en control de lo que sucede en el mundo que endureció el corazón del Faraón y lo llevó a perseguir a los israelitas con su ejército. Y no fue porque Él sea malo o quiera asustar a alguien. Él quería, como le dijo a Moisés aquí, «recibir la gloria» (v. 4). Su plan era atravesar el tiempo y el espacio, como lo ha hecho tantas veces y aún lo hace y lo hará, para recordarle a la humanidad que Él es GRANDE y digno de confianza.

Ahora miremos a los versículos 5-12.

¿Qué les ocurrió a los israelitas en estos versículos?

¿Cómo respondieron los israelitas? (Véanse los versículos 10-12).

¿Cómo crees que habrías respondido en esta situación?

Si has mirado bien la oscuridad dentro de tu propio corazón, asentirás con comprensión a la respuesta del pueblo de Dios.

¿Cuántas veces has visto esto en las películas, en la vida de tus amigos, en tu propia familia? Es la naturaleza humana querer volver a problemas conocidos antes que enfrentarse a un peligro desconocido. A menudo volvemos a lo que conocemos, incluso cuando entendemos que es malo para nosotros.

¿Cuál crees que fue el origen de la respuesta de los israelitas al peligro que enfrentaban?

En su libro, *El conocimiento de lo sagrado*, A. W. Tozer escribió: «Lo que viene a nuestra mente cuando pensamos en Dios es lo más importante de nosotros».[3]

¿Qué le viene a la mente cuando piensa en Dios?

Miro esta historia y me pregunto qué estaría pensando y sintiendo si yo fuera un israelita. Dependiendo de lo bien que entienda o confíe en Dios en ese momento, podría haberme sentido sorprendido o enfadado con Dios. Podría haber dudado de su bondad y de su provisión. Puede que, al igual que los israelitas, haya culpado al tipo/chica/institución que me guiaba.

Observa la respuesta de Moisés al pueblo en los versículos 13 y 14 y cópiala en el espacio siguiente.

Cuando me extirparon la tiroides el año pasado, fui a esa cirugía esperando despertarme con un diagnóstico de cáncer y una tasa de mortalidad. Pero Dios me sanó. No había cáncer, y una vez que mi tiroides descompuesta estaba fuera, él restauró mi salud y la mayor parte de mi energía.

Dios es capaz en los días llenos de alegría. Dios es capaz incluso cuando recibes un diagnóstico difícil. Dios es capaz sin importar la circunstancia en la que te encuentres. «Estad firmes, y ved la salvación que Jehová hará hoy con vosotros» (Ex. 14:13). El Dios que permite el cáncer puede matar el cáncer. El Dios que permite la persecución de los faraones puede ahogarlos en el mar. Pero a eso llegaremos mañana.

Mientras sigues con el resto de tu día, medita en la respuesta de Moisés al pueblo al final del pasaje de hoy. «No temáis; estad firmes, y ved la salvación que Jehová hará hoy con vosotros; porque los egipcios que hoy habéis visto, nunca más para siempre los veréis». (Ex. 14:13-14).

DÍA CUATRO

¿PERO QUÉ PASARÍA SI MI HIJA SE MUERE?

Éxodo 14:15-31 y Mateo 6:34

Pasé una temporada de gran ansiedad cuando mi hija mayor tenía unos tres años. Me obsesionaba la idea de que podía perderla. Era constantemente consciente de que podía morir.

Había días en los que sólo podía pensar en eso. Tenía ataques de hiperventilación y decía que no a cualquier cosa divertida si sonaba remotamente peligrosa. No era una buena fase.

¿Cómo ha tenido que lidiar tu familia con tu ansiedad en el pasado? ¿Cómo les ha afectado tus preocupaciones y cómo han respondido?

Charles Spurgeon dijo una vez: «Los peores males de la vida son los que no existen sino en nuestra imaginación. Si no tuviéramos más problemas que los reales, no tendríamos ni la décima parte de nuestras penas actuales. Sentimos mil muertes al temer una».[4]

En Mateo 6:34 (¿recuerdas este versículo de la semana pasada?), ¿qué dijo Jesús que NO te preocuparas? ¿Por qué?

Ahora lee Éxodo 14:15-18. En los versículos 17-18, Dios fue explícito acerca de *por qué* Él estaba haciendo lo que estaba haciendo. ¿Cuál es la razón que dio?

A veces, experimento el sufrimiento, y puedo ver destellos de bien en medio del mal. Veo, mientras sucede, algo de la razón por la que Dios lo permite. Pero otras veces, no veo nada. Hay situaciones en nuestras vidas que sólo parecen malas y dolorosas y sin esperanza. Pero precisamente por eso sabemos que no debemos mirar sólo nuestra vida.

Lo que estás haciendo ahora mismo, conociendo el carácter y la grandeza de Dios en Su Palabra, te está preparando para confiar en Dios cuando crees que sólo ves desesperanza. La Palabra de Dios te ayuda a luchar con la verdad cuando sólo sientes miedo. La Biblia te enseña a reconocer la gloria cuando, de otro modo, sólo verías el dolor.

Escribe sólo tres razones por las que Dios es digno de gloria en todo momento.

1.

2.

3.

A lo largo del Antiguo Testamento, vemos a Dios en las historias de estos héroes de la fe, como Moisés, y aprendemos la forma en que Dios actúa y piensa.

En todo el Nuevo Testamento, vemos a Jesús compartiendo y mostrando su poder. Aprendemos que Jesús es el camino de la esperanza. Que Él trae la redención. Que hace que todas las cosas sean nuevas. La gloria de Dios se muestra por todas partes, y cuanto más la vemos, más comprendemos que, a medida que Dios obtiene la gloria, está produciendo nuestro bien.

Lee Éxodo 14:19-31.

Intenta hacer un dibujo de las cosas milagrosas que han ocurrido.

¿Cuál es su parte favorita de este milagro? ¿Por qué?

Vuelve a leer el versículo 31. ¿Cómo respondió el pueblo de Dios a lo que hizo?

Dios separó el mar y condujo a Su pueblo a un lugar seguro. El resultado fue que en lugar de temer lo desconocido y el potencial de dolor, temieron al Señor.

La ansiedad nos aplasta porque nos hace temer las cosas equivocadas.

¿Cuáles son algunas de las cosas equivocadas que temes en este momento?

Cuando tememos al Señor, cuando reconocemos que Él es digno de nuestro temor, asombro y gloria, las cosas más pequeñas que nos hacen «sentir mil muertes» se tragan en el mar. [5]

Cuando me concentro en la gloria de Dios, no me encuentro orando con pánico para que mis hijas no mueran. Me encuentro orando por sus almas, por su comprensión del amor de Dios, por sus futuros llamados a darlo a conocer a su generación.

Dios está haciendo milagros todo el tiempo. Y utiliza a los cobardes normales y corrientes como nosotros. Cuando miramos hacia Él, vemos Su poder y confiamos en Su plan, encontramos la libertad de nuestros miedos.

Haz una lista en el espacio de abajo. ¿Qué te gustaría que hiciera Dios esta semana? Piensa en las personas en tu vida que no lo conocen, que no conocen la libertad y la paz. Comprométete a orar por ellos esta semana y ve lo que Dios hará. Pídele al Señor que te ayude a temerle a Él y no a lo desconocido en tu vida.

DÍA CINCO

¿ES UN NO ROTUNDO?

Éxodo 4:10-13 y Hebreos 3:1-3

Tengo un problema con mi marido. Sé que la relación entre marido y mujer es una cosa de equipo, pero el problema es que me gusta mucho que las cosas vayan a mi manera.

A veces yo quiero una cosa y él quiere otra. No quiero ser la jefa. No quiero hacer nada que nos lleve a la quiebra o que arruine a nuestros hijos. Sólo quiero que todo lo que quiero suceda siempre de inmediato. ¿Es mucho pedir? ☺

Hay veces, si puedes creerlo, que tengo una idea claramente increíble con la que él debería estar definitivamente a bordo, y él dice, NO.

Pero entonces pregunto: «¿Es un no rotundo?»

Cuestiono su respuesta, con la esperanza de que cambie. (Por cierto, funciona mucho).

Lee Éxodo 4:10.

En Éxodo 4:10, Moisés cuestionó a Dios con la esperanza de que el plan cambiara.

¿Cuál fue la excusa de Moisés para no querer hacer lo que Dios le dijo?

Mira los versículos 11-12. ¿Cómo respondió Dios?

Moisés fue persistente en su resistencia. ¿Cómo respondió a Dios en el versículo 13?

La historia de Moisés es una hermosa imagen de la fidelidad de Dios en medio de nuestro miedo y nuestras dudas. Moisés era un ser humano preocupado, que dudaba, que cuestionaba a Dios y que estaba confundido, como yo y como tú, y que hizo algo muy difícil. Y Dios estuvo con él, tal y como prometió que estaría.

¿Alguna vez has sido testigo de esto en la vida de alguien? ¿Cuándo has visto a Dios usar a alguien improbable para hacer algo impresionantemente compasivo o milagroso?

Mirar e intentar imitar la obediencia de Moisés (por mucho miedo o cuestionamiento que tenga) es una idea maravillosa. Pero la manera más clara y mejor de avanzar hacia la paz y la obediencia es mirando y persiguiendo a Alguien más.

La historia a la que Dios invitaba a Moisés no era en realidad sobre Moisés. Siempre fue sobre Dios.

Lee Hebreos 3:1-3. ¿Quién es considerado «digno de más gloria que Moisés» (v. 3)?

En el versículo 3, el escritor de Hebreos comparó la superioridad de Jesús sobre Moisés con la de un constructor que recibe más honor que la casa. ¿Qué crees que nos dice esta comparación sobre Dios?

Una cosa creada no puede ser mejor que el Creador. Jesús es el YO SOY, ¿recuerdas? Jesús es el constructor de todas las cosas. Jesús creó a Moisés y los milagros de tartamudeo, de preguntas, de levantamiento de la vara que vinieron a través de Él. Jesús es inconmensurablemente más grande que Moisés.

¿De qué manera Jesús es mejor que Moisés?

Moisés se enfrentó al Faraón. Jesús se enfrentó a Satanás, al pecado y a la muerte.

Moisés condujo de la esclavitud física a la tierra prometida. Jesús conduce de la esclavitud espiritual a la libertad.

Moisés levantó su vara para hacer un camino para que su pueblo cruzara el mar. Jesús levantó su cuerpo para hacer un camino para que Su pueblo cruzara de la muerte a la vida.

Moisés sirvió, murió y fue enterrado. Jesús sirvió, murió, fue enterrado, dejó atrás la tumba, ascendió a la gloria, vive para siempre y gobierna el mundo cada minuto de cada día.

Así que, sí, Moisés era bueno, pero Jesús es mejor.

Jesús es la razón por la que el ansioso Moisés pudo avanzar y encontrar la libertad. Jesús es la razón por la que tú, ansioso, puedes avanzar hacia lo que Dios ha planeado. Tú tienes miedo, pero ¿adivina qué? Jesús no lo tiene.

¿De qué manera Jesús es mejor que tú? ¿Cómo necesitas que Jesús sea fuerte en ti hoy?

Mientras sigues con el resto de tu semana, recuerda que no tienes que luchar para conseguir la paz. Jesús es tu fuerza en la lucha contra la ansiedad. Él te guiará a través de las aguas, al otro lado, a la tierra prometida. Y en los aspectos que más importan, Él ya lo ha hecho. Te ha salvado. En Jesús, estás al otro lado del mar, y es hora de descansar.

La semana pasada, completaron el estudio personal de la Cuarta Sesión en sus libros. Si no has podido hacerlo, ¡no pasa nada! Todavía puedes seguir las preguntas, participar en la discusión y ver el video. Cuando estés lista para comenzar, abre el tiempo de oración y pulsa el botón de reproducción del vídeo de la cuarta sesión.

VER

Anota cualquier pensamiento, verso o cosa que quieras recordar mientras ves el vídeo de la cuarta sesión de *Ansiedad*.

DEL ESTUDIO DE ESTA SEMANA

En grupo, repasen el versículo para memorizar de esta semana

Y Moisés dijo al pueblo: No temáis; estad firmes, y ved la salvación que Jehová hará hoy con vosotros; porque los egipcios que hoy habéis visto, nunca más para siempre los veréis

ÉXODO 14:13-14

REPASO DEL ESTUDIO SESIÓN CUATRO

Del primer día: ¿Alguna vez lees la Palabra de Dios o la escuchas en la iglesia y sientes miedo, como Moisés, por lo que encuentras? ¿Hay versículos específicos en la Biblia que te hacen sentir miedo?

Del segundo día: En Éxodo 3:14, Dios le dijo a Moisés que su nombre era YO SOY. ¿Qué aprendiste sobre este nombre al estudiarlo esta semana?

Del tercer día: ¿Puedes pensar en un momento de tu vida en el que sentiste que Dios estaba causando o permitiendo que te sucediera algo duro o negativo? ¿Cuáles fueron las circunstancias?

Del cuarto día: En Mateo 6:34, ¿qué dijo Jesús que NO se preocupara? ¿Por qué?

Del quinto día: Compara y contrasta a Jesús con Moisés. ¿Qué podemos aprender de Moisés, y por qué Jesús es mejor que Moisés?

COMPARTIR

Esta semana hemos estudiado a Moisés. Lo vimos asustado y pecador, pero también obediente y fiel. Era totalmente humano y totalmente amado por Dios. Pasó por cosas que daban miedo, y siguió a Dios a lo que parecían lugares que daban miedo para ser usado en el cumplimiento del propósito de Dios para su pueblo. Si te sientes cómoda, cuéntale a tu grupo sobre alguna vez que Dios te haya pedido que hagas algo difícil o que te dé miedo.

La idea principal de esta sesión es «Jesús es nuestra fuerza en la lucha contra la ansiedad». ¿En qué cosas te apoyas como «fuerza» que no aguantan el peso de la vida? ¿Cómo es mejor Jesús?

¿Qué versículos de esta sesión se te han quedado grabados y te han ayudado en tu lucha por hacer de Jesús tu fuerza mientras luchas contra tus miedos?

ORA

Tomen turnos tomando las peticiones de oración y agradeciendo a Dios su fuerza que nos permite descansar. Denle las gracias por enseñarnos a caminar con Él y por ser misericordioso cuando olvidamos que es de su fuerza de quien dependemos. Dedica el resto del tiempo a la oración. Oren específicamente para que ustedes, como grupo, confíen en la fuerza del Espíritu mientras buscan amar a las personas que han tenido miedo de amar y hacer las cosas que han tenido miedo de hacer. Pide al Señor que una a tu grupo y elimine toda la ansiedad que te impide servirle a Él y la paz en Su espíritu.

Para accesar los videos de enseñanza, usa las instrucciones de la tarjeta que vino con el estudio.

Sesión cinco

ESTER ANSIOSA

JESÚS ES SOBERANO EN NUESTRA LUCHA CON LA ANSIEDAD

PORQUE SI CALLAS ABSOLUTAMENTE EN ESTE TIEMPO, RESPIRO Y LIBERACIÓN VENDRÁ DE ALGUNA OTRA PARTE PARA LOS JUDÍOS; MAS TÚ Y LA CASA DE TU PADRE PERECERÉIS. ¿Y QUIEN SABE SI **PARA ESTA HORA HAS** LLEGADO AL REINO?

Ester 4:14

DÍA UNO

UNA CASA DE BARBIE DE ENSUEÑO USADA Y UNA HISTORIA DE AMOR MUY ROMÁNTICA

Ester 1-2 y Colosenses 1:16-17

Cuando estaba en quinto, una vecina del barrio me regaló una Barbie® DreamHouse™ de segunda mano. Lo único que recuerdo de ese año es que me encerré en mi habitación y representé lo que creía que era la situación romántica suprema, una y otra vez.

Sé que esto es para lo que estás aquí, así que déjame explicarte.

Barbie y Ken™ están en una fiesta. Perdón, quise decir un baile. Están en un baile. Están hablando, riendo, despidiéndose de la gente. Resulta que ambos van caminando hacia atrás cuando se chocan y caen al suelo. Ambos, claramente molestos, discuten al unísono: «¡Cómo te atreves! ¿Dónde estás...?» Y entonces, se detienen. Es el momento en que ambos se dan cuenta de que toda su vida ha conducido a este momento. Y que están destinados al amor.

Esa es la magia de jugar a las muñecas. Dos vidas (muñecas de plástico), guiadas por las manos del destino (la preadolescente Scarlet) para encontrarse, enamorarse y «disfrutar» de un largo e incómodo beso de muñeca de plástico.

¿Te puedes creer que esta es una de las formas en las que he enseñado a mis hijas sobre la soberanía? Tienen su propia casa de Barbie de segunda mano (gracias Autumn) y sus propios planes para el destino romántico de las muñecas, y quiero que confíen en la poderosa guía de un Dios amoroso.

Ahora bien, Dios no es un preadolescente, y nosotros no somos muñecos de plástico sin cerebro, pero podemos consolarnos con el hecho de que Él existe fuera de nuestro mundo, fuera del tiempo mismo, y tiene el control total de cada situación que experimentamos. Somos Kens ansiosos y Barbies preocupadas. Pero Dios es soberano en todo momento.

Al estudiar Ester esta semana, vamos a ver la soberanía de Dios que existe incluso cuando la vida parece imposiblemente mala o aterradora, y recordaremos por qué y cómo eso puede impulsarnos hacia la paz.

Busca la palabra *soberanía* en un diccionario y escribe las definiciones que encuentres en el espacio siguiente.

Por mucho que me gustaría ser soberana de mi casa y de mi vida como lo era de mis Barbies, no lo soy. Ser soberano es poseer el poder supremo o último. No tengo poder sobre el comportamiento de las personas de mi vida, sobre las células de sus cuerpos que hacen lo que se supone que deben hacer, sobre su seguridad o incluso sobre su felicidad.

Cuando Dios permite un dolor que no entiendo, probablemente nada me reconforta más que recordar que Él tiene el poder final sobre todas las cosas.

Veamos esta idea a través de algunas de las situaciones más aterradoras que se dieron en la vida de una mujer llamada Ester.

Lee Ester 1-2 y trata de ver si puedes encontrar alguna mención a Dios. ¿Encontraste alguna?

Ester es el único libro de la Biblia que no menciona a Dios ni una sola vez. ¿Qué tan extraño es eso? ¿Cómo es que hay un libro en la Biblia, escrito por Dios, todo sobre Dios, que no menciona a Dios? Al leer los comentarios sobre este libro, aprendí que no sólo no se menciona a Dios, sino que tampoco se registran oraciones o referencias a la Torá (los primeros cinco libros de la Biblia hebrea) o al templo.[1] Entonces, ¿por qué está este libro aquí? Como veremos, se trata de la soberanía.

Ester era una judía que vivía en Persia y era criada por su primo Mardoqueo. Durante esos días, los judíos estaban en el exilio. Eran minorías religiosas en una cultura que se oponía a Dios, dirigida por un monarca absoluto.

Así, en el primer capítulo de Ester, nos enteramos de que el rey Asuero (probablemente también lo hayas oído llamar por su nombre griego, Jerjes) se deshacía de su reina, Vasti, y buscaba una nueva. Ese es el tipo de cosas que podía hacer sin ninguna consecuencia.

Vuelve a leer Ester 1:10-12.

¿Por qué se enfadó el rey con la reina Vasti?

¿Qué le animaron a hacer los consejeros del rey? (Ver versículos 13-21).

Ester 2:10 dice que Ester no reveló su origen étnico porque Mardoqueo le dijo que no lo hiciera. ¿Has experimentado alguna vez ansiedad por ser diferente a las personas que te rodean, ya sea por diferencias físicas, socioeconómicas, étnicas o raciales? Si es así, ¿qué ocurrió?

¿Has experimentado alguna vez ansiedad por culpa de alguien en el poder que hacía cosas con las que no estabas de acuerdo? Explica.

¿Cómo sueles afrontar este tipo de ansiedad?

El rey Asuero tenía un poder terrenal absoluto. Eso da miedo. Cuando hay patrones o presidentes o miembros de la familia con los que no estamos de acuerdo en cualquier posición de poder, puede llevarnos a sentirnos inseguros, especialmente cuando la política o el racismo están involucrados, como lo que vemos en la historia de Ester.

Cuando vemos a personas en el poder que toman decisiones pecaminosas, es tentador creer que Dios ha desaparecido.

Lee Colosenses 1:16-17. Escribe lo siguiente en tus propias palabras: «Él es antes de todas las cosas, y por él todas las cosas se sostienen» (v. 17).

La historia de Ester, la historia de Colosenses y la historia del propio universo es que Dios nunca desaparece. Ya sea que estés luchando con una circunstancia, una relación o una persona, puedes combatir tu ansiedad aferrándote a la verdad, a la realidad, de que Dios está por encima de todas las cosas. Él es poderoso sobre todas las personas poderosas. Él no necesita ser nombrado, pero no puede ser ignorado porque Él sostiene la vida misma. Cuando la vida se ve como malas decisiones y caos y un gran desorden que no podemos controlar, no tenemos que controlar. El Dios soberano está dirigiendo el camino.

En el espacio siguiente, haz una lista de las situaciones de tu vida que parecen malas. Entrégalas al Señor y confía en que Él te mantendrá unido. Él mantendrá todo unido. Puedes confiar en que Él sostendrá a su pueblo como sostuvo a los israelitas a través de Ester y Mardoqueo.

DÍA DOS

UN RESFRIADO, UNA OPERACIÓN Y UN DIENTE GIGANTE

Ester 3:1-11;; Salmo 4:8;; Salmo 121:2-4;; Romanos 8:28; y 1 Pedro 1:8

Hace poco, mi hija, Joy, tuvo la última de sus tres operaciones de oído. La noche anterior había estado despierta toda la noche con otro niño enfermo y me desperté con una alarma a las 4 de la mañana para llevar a Joy al hospital. Mi marido no pudo llevarla porque también estaba enfermo. Ese ya era un día poco ideal, pero mientras estaba sentada en la sala de espera, sentí un síntoma revelador de un absceso dental (no es mi primer rodeo de abscesos: tengo dientes problemáticos). Llamé a mi amigo el dentista, conduje hasta el sillón del dentista y tuvieron que sacarme la muela más grande durante una hora y media.

Unas cuantas cosas:

1. ¿Por qué tarda una hora y media?

2. Di siempre que sí al gas de la risa. Siempre.

3. Expresiones como «Cuando llueve, diluvia» existen por una razón.

4. La semana de enfermedad, cirugía y extracción de muelas de emergencia me ha llenado de más gratitud de la que he tenido en mucho tiempo.

   ¿No es extraño?

Ya vimos antes este versículo de Santiago, pero veámoslo de nuevo: Santiago 1:2 dice: «Considerad una gran alegría, hermanos míos, cuando experimentéis diversas pruebas».

Solía leer eso y sentir pánico por ello. Pensaba que siempre me esperaban varias pruebas, que el fracaso, el peligro y el pillaje estaban a la vuelta de cada esquina y que si no hacía todas las cosas cristianas correctamente, me perdería la alegría, arruinaría el momento y experimentaría todas las cosas que temía sin ningún propósito bueno. Me estaba perdiendo todo el sentido.

Cada palabra viva y activa de la Biblia nos señala no sólo los pasos a seguir en las pruebas, sino a un Salvador soberano, cuya perfección se nos da por completo y cuyo poder está siempre actuando.

Hoy, seguimos más de la historia de Ester mientras daba pasos en una prueba aterradora mientras un gran Dios trabajaba detrás de las escenas.

Lee Ester 3:1-11.

¿Qué vemos que intentó hacer Amán?

En ese momento, ¿parecía que iba a tener éxito en su objetivo?

¿Has tenido alguna vez uno de esos momentos en los que parece que toda tu vida se desmorona? ¿Cuál es la temporada más dura que recuerdas en tu vida?

¿Qué has hecho?

¿Qué hizo Dios?

Busca 1 Pedro 1:3-9. Concéntrate en el versículo 8 y cópialo en el espacio siguiente.

Podemos ver nuestros problemas, y nos asustan. No podemos ver físicamente a Dios en este momento, pero lo amamos. Creemos en Él. Podemos regocijarnos, sabiendo que Él está trabajando incluso a través de emergencias de abscesos, emergencias políticas y traumas personales que no vimos venir.

Ve a Romanos 8:28.

¿Qué hace Dios en cada situación por los que le aman?

¿Cuáles son algunas de las pruebas por las que estás caminando en este momento y por las que puedes alabar a Dios hoy, sabiendo que Él está trabajando y las usará para el bien?

Dios es soberano, lo que significa que nunca deja de trabajar.

Lee Salmo 121:2-4.

¿De dónde viene nuestra ayuda?

¿Cómo se llama a Dios en los versículos 3 y 4?

¿Qué nos dice el versículo 4 que Dios no hace?

Cuando era pequeña, no podía quedarme dormida si no oía a mis padres ver la televisión y hacer sus quehaceres. No quería estar despierta cuando ellos dormían porque entonces me sentía sola y asustada. Sentía seguridad cuando sabía que estaban despiertos y podían cuidar de mí. Confiaba en que me protegerían si ocurría algo mientras yo no estaba despierto. Así que siempre me ha gustado esta verdad: que mi Protector, el único que realmente tiene control sobre mi seguridad, nunca duerme.

Lee y copia el Salmo 4:8 en el espacio siguiente.

La vida con Jesús significa esperanza para más adelante y vida abundante hoy. Significa que las pruebas son temporales y la alegría es eterna porque ponemos nuestra esperanza en Sus manos que dirigen el mundo y nunca se cansan.

Puede que estés teniendo un día, o una semana, o un momento menos que ideal en tu casa, pero tienes una esperanza de «no cansarte» en tu corazón (Gálatas 6:9). Puedes tener paz en lugar de pánico porque tienes acceso al Dios que tiene el control, incluso cuando parece que tus hermanos van a ganar.

Escribe una oración pidiéndole al Señor que te ayude a confiar en que Él está trabajando en situaciones que parecen desesperadas. Pídele que te ayude a descansar, a confiar y a dormir, sabiendo que Él está despierto, presente y amoroso.

DÍA TRES

UN REFLEJO ESTILO SWAT Y UN RESCATE CAMAROTE

Ester 4 y Romanos 11:36

Mi recuerdo más «para un momento como éste» tiene que ver con mi padre, un oficial del SWAT. Cuando tenía doce años, mi hermana pequeña estaba explorando la habitación de una niña llamada Beth. Estaba merodeando con los mayores esperando a que la cena estuviera lista cuando nuestros anfitriones nos preguntaron si queríamos una visita a la casa.

Nos llevaron de habitación en habitación y luego llegamos a la de Beth. Beth tenía cuatro años, con una pequeña melena rubia y una litera. Por alguna razón, justo cuando entramos, todo pareció cambiar a cámara lenta cuando vimos a la pequeña Beth lanzarse de cabeza desde la cima del camarote hacia el suelo.

Mi padre adoptivo y sus músculos del SWAT estaban, afortunadamente, en la habitación en ese momento, y él levantó tranquilamente las manos y cogió a Beth por los tobillos justo antes de que su cabeza cayera al suelo.

Fue un poco como presenciar un milagro. El fuerte y entrenado oficial estaba en el lugar correcto en el momento adecuado para salvar a una niña de romperse el cuello. Ese es el tipo de providencia que vemos en la vida de Ester.

Lee Ester 4. En el versículo 7, ¿qué dijo Mardoqueo que le iba a pasar a los judíos?

En el capítulo 4, el mensajero transmitió información entre Mardoqueo y Ester, terminando con la famosa súplica de Mardoqueo: «Quién sabe, tal vez has llegado a tu posición real para un momento como éste» (v. 14b).

Mardoqueo sugirió que la posición de Ester y su oportunidad de servir a su pueblo no era simplemente una coincidencia. Mardoqueo, un creyente, sabía que Dios orquestó todo, y tal vez Él puso a Ester en esta posición de poder para que pudiera salvar al pueblo de Dios.

Busca Romanos 11:36 (RVR1960) y llena los espacios.

> Porque de _____ , y por _____, y para _____ son todas las cosas. A _____ sea la gloria por los siglos. Amén.

Chicos, por favor, nunca olviden que Dios tiene todo el poder. No tiene parte del poder. No tiene la mayor parte del poder. De Él y por Él y para Él son todas las cosas.

A veces eso significa que Paul Wessel está en la litera correcta en el momento adecuado. A veces eso significa que Esther está en la corte correcta frente al rey correcto para salvar a un pueblo del genocidio.

Lee Ester 4:15-17. ¿Qué acción valiente planeó hacer Ester?

Un valor así parece imposible desde fuera. Pensamos que sólo los «súper cristianos» hacen cosas súper valientes. Pero cuanto más vivo, más veo que Dios toma a personas ansiosas con una obediencia sencilla para lograr cosas extraordinarias en Su soberanía.

¿Cómo crees que se sintió Ester en los días de ayuno y planificación para presentarse ante el rey?

La Biblia no nos dice cómo se sentía, pero apuesto a que sentía una gran ansiedad. No podía saber cómo le iría. No sabía si la matarían o la desterrarían (como a Vasti) o si se salvarían vidas. Pero confiaba en la soberanía de Dios.

¿Por qué es reconfortante leer sobre Ester y toda la incertidumbre que atravesó y que condujo a la libertad de su pueblo?

Tal vez no hayas sido testigo recientemente de un momento milagroso. Tal vez la vida se siente aburrida, y Dios se siente lejos, y tal vez eso te pone nervioso. Anímate. Dios utiliza cada estación y cada circunstancia para atraernos más cerca de Él. (Ver Romanos 8.) Cuando la vida parezca aterradora y la fe se sienta difícil, recuerda que Dios es soberano mientras luchas por sentir paz.

Trata de enumerar tres situaciones que hayas presenciado o vivido en las que hayas visto la soberanía de Dios.

1.

2.

3.

Termina tu tiempo de estudio hoy agradeciéndole por Su poder y cuidado y pidiéndole que te ayude a hacer lo que te ha llamado a hacer hoy, confiando en que Él está trabajando, está presente y te ama.

DÍA CUATRO

¿REALMENTE DIOS ENCONTRÓ TU TELÉFONO?

Ester 5 y Ester 7:1-6;

Cuando mi hija mayor tenía seis años, me dio la siguiente charla de ánimo:

> *Mami, Dios sabía que esto iba a suceder. Desde el momento en que Adán y Eva pecaron, Él sabía que ibas a perder tu teléfono.*

Me pareció divertidísimo y adorable y una cosa tan de niño de iglesia. Obviamente, había perdido mi teléfono. Pero no pensé en involucrar a Dios en el asunto.

> *Como, «Hola Dios, sé que probablemente estás ocupado cuidando de los huérfanos y las viudas y escuchando las oraciones sobre el cáncer de la gente y esas cosas, pero ¿Puedes ayudarme a encontrar mi teléfono porque no he revisado Instagram en unos segundos?»*

A menudo vivo partes de la vida como si Dios no estuviera involucrado. Claro, Él está involucrado en las cosas grandes. Pero, por ejemplo, ¿los iPhones perdidos? Parece un trabajo que no es para Él. En nuestra lucha contra la ansiedad, necesitamos saber que todo es un trabajo para Él.

Hoy seguiremos viendo la participación de Dios en los detalles de la historia de Ester.

Lee Ester 5.

¿Qué le pidió Ester al rey?

¿Cómo respondió el rey a la petición de Ester?

Una vez más, asistimos a una «coincidencia» de buena fortuna para Ester.

Solía reírme cuando los cristianos mayores hablaban de cómo Dios respondía a sus oraciones para encontrar las llaves perdidas del coche o para mantenerlos a salvo en los aviones. No reconocía lo que esos santos mayores sabían que era cierto: Dios está en los detalles, en los pequeños y en los grandes. Reconocer que Él está presente y activo en cada circunstancia es una excelente manera de calmar la ansiedad.

A lo largo del resto del Libro de Ester, leemos sobre un banquete con el rey y Amán. Vemos que Ester pidió otro banquete y luego un Amán borracho se fue y vio a Mardoqueo. Diré la parte horripilante tan discretamente como pueda. Amán se enfadó y ordenó que empalaran a Mardoqueo en una gran estaca, además de haber ordenado ya que mataran a todos los judíos en el capítulo 3.[2] ¿Vamos bien?

Lee Ester 7:1-6. ¿Qué fue lo primero que le dijo el rey a Ester en este capítulo, y cómo respondió ella?

Lo esencial es que, la noche anterior, el rey tuvo problemas para dormir. (Ver Est. 6:1.) Mientras le leían las crónicas reales, se enteró de cómo Mardoqueo le salvó la vida. Así que por la mañana, cuando Amán estaba a punto de para decirle al rey que quería a Mardoqueo muerto, el rey ordenó lo contrario. Hizo que Amán honrara a Mardoqueo. Puedes leer el resto de la historia en Ester 8-10. En resumen, Ester y Mardoqueo trabajaron con el rey para salvar a los judíos. Hubo banquetes de celebración; Mardoqueo se convirtió en el segundo al mando; los judíos prosperaron. Esa es la historia.

No hay amén. No hay oración. No hay ninguna explicación teológica en el Libro de Ester. Pero leamos entre líneas.

Pasemos al Nuevo Testamento. Busca los siguientes versículos y escribe lo que dice sobre Dios junto al pasaje. ¡Algunos de estos versículos pueden parecerte familiares porque los hemos estudiado esta semana!

Romanos 8:28 ______________________________

____

Efesios 1:11 ______________________________

____

Col. 1:16-17 ______________________________

____

1 Timoteo 6:15-16 ______________________________

____

¿Cuál de estos versículos te resulta más alentador y por qué?

¿Qué harías diferente esta semana si creyeras totalmente que estos versículos son verdaderos?

Ningún rey, ningún gobernante, ningún mal de ningún tipo puede impedir que Dios cuide de Su pueblo. Recuérdalo mientras esperas los resultados de la biopsia. Recuérdelo cuando se frustre con su recién nacido con cólicos. Recuérdalo cuando te prepares para compartir a Jesús con tu vecino. Recuerda que Dios está ahí, y que Él es soberano sobre cada cosa pequeña, enorme y mediana en tu vida.

Quiero desafiarte hoy a incluir a Dios en las cosas pequeñas. Trae tus pequeñas y grandes preocupaciones y confía en que Él está trabajando detrás de las escenas en formas que no puedes ver. Él te mira con favor como el rey miró a Ester. La diferencia es que tú no tienes que preocuparte o preguntarte por ello. No tienes que esperar que tu Rey no cambie. Tu Rey es perfecto y poderoso y te favorece para siempre en Jesús.

Enumera algunas de las pequeñas cosas que tienes en mente hoy.

Ahora enumera los grandes.

¿Qué esperas que haga Dios en cada una de las circunstancias que has escrito?

En el espacio siguiente, ora sobre algunas de estas pequeñas y grandes cosas y pídele a Dios que te hable en los detalles. Pídele que seas consciente de Su presencia y de Su providencia en tu vida y una fe que diga «confío en ti» cuando no puedas entender lo que está haciendo.

DÍA CINCO

EL SALMO QUE APRENDÍ EN LA SECUNDARIA

Salmo 103 y Hebreos 11:1,6

En décimo grado, mi profesor nos hizo memorizar el Salmo 103. Tengo treinta y cuatro años, y todavía podría decirlo en sueños.

> Bendice, alma mía, a Jehová,
> Y bendiga todo mi ser su santo nombre.
> Bendice, alma mía, a Jehová,
> Y no olvides ninguno de sus beneficios (vv. 1-2).

Lee Salmo 103.

Mira atentamente los versículos 3-13. Enumera a continuación cuáles son «sus beneficios».

En los siguientes espacios en blanco, personaliza un poco estos versículos y enumera lo que Dios ha hecho por ti en cada una de estas formas.

Perdonó mi pecado ______________________

Una manera que me sanó ______________________

Me mostro Su misericordia ______________________

Una manera en que renovó ______________________

¿Cuál de esos beneficios es más significativo para ti en este momento, en esta época de tu vida? ¿Por qué?

Puede que el Libro de Ester no mencione a Dios, pero vemos muchos de sus beneficios entre bastidores. Lo vemos redimir a Su pueblo del abismo. Vemos cómo ejecuta actos de rectitud y da justicia a los oprimidos. Vemos Su compasión y gracia hacia los pecadores.

Lee el Salmo 103:19 y cópialo a continuación.

Si tuviera que resumir el Libro de Ester, lo haría citando el Salmo 103:19. El Señor gobierna sobre todo. Eso es todo.

Paul Tripp habló así del Libro de Ester:

> Este Dios que parece ausente está trabajando en realidad para proteger y preservar su historia. No debes concluir, porque no puedes ver la mano de Dios, que Dios no está obrando más [de lo que] debes concluir que el sol no está brillando porque estás en tu sótano y no puedes verlo. Son esos momentos en los que tienes que hacer lo que dice Hebreos 11: «Debes creer que Dios existe y que recompensa a los que le buscan» No voy a dejar de creer en la muerte funcional de mi Redentor incluso en los momentos en que no veo su mano.[3]

¿Sientes alguna vez que Dios está ausente en tu vida? En la escala que aparece a continuación, marque el grado de tangibilidad con el que experimenta Su presencia en la actualidad.

1 2 3 4 5 6 7 8 9 10

No siento a Dios cerca — Siento a Dios cerca de mí.

Es tan difícil atravesar las estaciones de la vida cuando Dios se siente ausente. Si eres creyente, sabes que Él está ahí. Pero a veces lo sientes, y otras veces, lo sientes lejano.

¿Cuáles son algunas de las formas en que puedes buscar la comunicación con Dios cuando lo sientes lejano?

Ve a Hebreos 11:6. ¿Qué necesitamos para agradar a Dios?

¿Qué *es* la fe? (Busca en Heb. 11:1 la definición bíblica).

Cuando leo el Libro de Ester, veo prueba tras prueba tras prueba de que Dios está trabajando. Mira tu propia vida. Tal vez ha pasado algún tiempo desde que tu relación con Dios se sintió ardiente, pero mira sus bendiciones en tu vida. Tu vida es dura, pero ¿Él ha provisto? Tu vida es a veces aterradora, pero ¿ Él te ha protegido?

Enumere algunas de las maneras en que Dios satisfizo sus necesidades durante esas temporadas más difíciles en las que Él se sentía lejos.

Puedes creer en un Dios que no puedes ver. Puedes confiar en que Él está trabajando en tu vida, incluso si tu vida parece un montón de Amanes y concursos de belleza injustos y conversaciones que podrían arruinarte.

Ester pasó por muchas cosas, y salió próspera, no porque ella fuera impresionante, sino porque Dios lo es. Él tenía un plan para ella, para su primao y para Su amado pueblo. Y Él también tiene un plan para ti. No tienes que salvar el día. Dios ya lo ha salvado. Él te ha salvado. Él es tan, tan poderoso y nada puede tocarlo. «El Señor gobierna sobre todo». Puedes descansar.

Ora a través de tu ansiedad alabando a Dios por el trabajo que hace que no puedes ver. Agradézcale por ser fiel y por encima de todas las cosas.

La semana pasada, completaron el estudio personal de la Sesión Cinco en sus libros. Si no has podido hacerlo, ¡no pasa nada! Todavía puedes seguir las preguntas, participar en la discusión y ver el video. Cuando estén listas para comenzar, abran su tiempo de oración y presionen el botón de «play» en el video para la Sesión Cinco.

VER

Anota cualquier pensamiento, verso o cosa que quieras recordar mientras ves el vídeo de la quinta sesión de *Ansiedad*.

DEL ESTUDIO DE ESTA SEMANA

En grupo, repasen el versículo para memorizar de esta semana.

Si ahora te quedas absolutamente callada, de otra parte vendrán el alivio y la liberación para los judíos, pero tú y la familia de tu padre perecerán. ¡Quién sabe si no has llegado al trono precisamente para un momento como este!»

ESTER 4:14 (NVI)

REPASO DEL ESTUDIO SESIÓN CINCO

Del primer día: Ester 2:10 dice que Ester no reveló su origen étnico porque Mardoqueo le dijo que no lo hiciera. Alguna vez has experimentado ansiedad por ser diferente a las personas que te rodean, ya sea por motivos físicos, ¿Diferencias socioeconómicas, étnicas o raciales? En caso afirmativo, ¿qué ocurrió?

Del segundo día: ¿Has tenido alguna vez uno de esos momentos en los que parece que toda tu vida se desmorona? ¿Cuál es la temporada más dura que recuerdas en tu vida?

Del tercer día: ¿Por qué es reconfortante leer sobre Ester y toda la incertidumbre que atravesó y que condujo a la libertad de su pueblo?

Del cuarto día: ¿Cómo te acercas a Dios con las cosas pequeñas? ¿Has visto a Dios en los pequeños detalles de tu vida esta semana?

Del quinto día: ¿Cuál de los beneficios de Dios, tal y como se expone en el Salmo 103, es más significativo para ti ahora mismo, en esta época de tu vida? ¿Por qué?

COMPARTIR

Esta semana hemos estudiado Ester. Hemos analizado un libro de la Biblia en el que Dios es más difícil de encontrar. Leímos entre líneas, y aprendimos que aunque la vida es aterradora y complicadas y las personas son pecadoras y desordenadas, Dios siempre está trabajando las cosas para el bien de los que le aman.

¿Has aprendido algo nuevo sobre la historia de Ester esta semana? Compártela con tu grupo.

¿Qué estás atravesando en este momento que te causa ansiedad porque no puedes ver el propósito de Dios en ello? ¿Cuál crees que podría ser el propósito de Dios? Comparte con tu grupo y pídeles que te levanten en oración.

¿Qué versículo bíblico te ha impactado más esta semana? ¿Por qué?

La idea principal de esta sesión es «Jesús es soberano en nuestra lucha contra la ansiedad». ¿Cuáles son algunas medidas que puedes tomar esta semana para ayudarte a recordar que Dios tiene el control y que es digno de confianza?

ORA

Compartan por turnos las peticiones de oración y agradezcan a Dios por estar por encima de todas las cosas y cuidar de nosotros. Ora para que te use para ayudar a la gente a encontrar la libertad espiritual de la misma manera que usó a Ester para redimir a los judíos. Pídele que te dé compasión por los demás y que te detengas en su bondad y poder en lugar de en la ruptura que ves en el mundo.

Para accesar los videos de enseñanza, usa las instrucciones de la tarjeta que vino con el estudio.

Sesión
seis

ORACIÓN ANSIOSA

LA ORACIÓN ES NUESTRA POSTURA EN LA LUCHA CON LA ANSIEDAD

HUMILLAOS, PUES, BAJO
LA PODEROSA MANO
DE DIOS, PARA QUE ÉL OS
EXALTE CUANDO
FUERE TIEMPO;
**ECHANDO TODA VUESTRA
ANSIEDAD** EN ÉL,
PORQUE ÉL TIENE
CUIDADO DE VOSOTROS.

I Pedro 5:6-7

DÍA UNO

JESÚS SE LLEVÓ MIS COSAS

1 Pedro 5:6-7

Tengo un montón de recuerdos instantáneos del año en que mis padres se divorciaron. Era muy joven, pero sé que había una barbacoa. Un trampolín. Una roca secreta en el patio con escondrijos donde escondía los centavos. Recuerdo estar en el despacho de un abogado con una fotocopiadora y corrector de colores. Hay imágenes de la abuela Marlene viniendo a quedarse con nosotros para cuidar de mí durante más tiempo del habitual.

No entendía que mi familia se estaba separando. Todavía no sabía si estar triste o asustada.

La abuela Marlene era increíble. Me sentaba en su regazo fuera, junto a las bonitas flores amarillas, y cantaba himnos. Tantos himnos.

> Estoy tan feliz y esta es la razón;
> Jesús se llevó todas mis cargas.
> Ahora canto al pasar los días;
> Jesús se llevó todas mis cargas.[1]

Me encantaban las canciones. Pero esa me confundió.

«Jesús se llevo todas mis cargas» me sonó mucho a «Jesús se llevó mis cosas».

No entendía por qué Jesús quería cosas y por qué mi abuela estaba tan contenta de que se llevara la suyas.

Me hice mayor y comprendí el malentendido de la letra, pero seguí confundida sobre cómo, específicamente, dar a Jesús mis cargas. Cuando era adolescente, asistía a los eventos juveniles de la iglesia y escuchaba a los adultos suplicar: «¡Acércate y deja tus cargas en la cruz!».

Y yo obedecía y pensaba todo lo que podía, *CARGAS, AQUÍ LAS DEJO. EN ESTE MURAL DE LA CRUZ DE ESTE GIMNASIO DE LA SECUNDARIA. ¡ABRA CADABRA! ¡Y AMÉN!*

Deseaba tanto que mis cargas desaparecieran. Quería tanto que Dios me ayudara. Pero, Dios mío, no sabía cómo hacer mi parte. Tal vez tú también te hayas preguntado eso. Todos tenemos cargas. ¿Qué podemos hacer con ellas?

Escribe 1 Pedro 5:6-7 en el espacio y circula las dos primeras palabras.

Cuando vi eso por primera vez y me di cuenta de que venía antes del llamado a «lanzar tu ansiedad», ¡sentí que había descifrado un código secreto! Así que ASÍ es como se hace! ¡Así es como echas tus preocupaciones en Dios! Te humillas.

Espera —o no— otro mandamiento que suena abstracto.

Busca la palabra *humildad* en el diccionario y escribe lo que encuentres.

En el griego original, *humildad* denota «no levantarse del suelo»[2] y *humillarse* significa «rebajarse».[3]

En la temporada que leí esto fue donde comencé a orar de rodillas. Siempre había tenido un poco de aversión a la oración de rodillas porque una vez descrubrí que Dios me amaba no por lo que hago, sino por lo que hizo Jesús, me deleitaba en mi libertad para orar con los ojos abiertos, para orar en medio de una comida o al final en vez de al principio. ¡Libertaaaaaaaad!

Pero cuando leí eso, quise bajar físicamente mi cuerpo cuando hablaba con Dios. Entrenar mi cuerpo para recordar a mi cerebro que soy bajo, que soy consciente de la grandeza y el poder de Dios y de mi propia debilidad y fragilidad.

Fue una temporada increíble en la que saboreé la paz sobrenatural con más frecuencia que nunca.

Escribe otras formas prácticas que conozcas para «humillarte» ante Dios.

Esto es lo increíble. Cuando me humillé, cuando me presenté ante el Señor, humilde en Espíritu, «rendir mis preocupaciones» sobre Él fue una respuesta natural. Simplemente sucedió. Recordé mi condición de ser creada, totalmente dependiente de un Padre bueno, perfecto y amoroso, y todas esas preocupaciones parecieron flotar hacia Él porque recordé que Él sabe qué hacer. Después de humillarme, pude tararear «Jesús tomó mi pájaro y vio lejos». (No creo que lo hiciera, ¡pero podría haberlo hecho!) Después de humillarme, pude sonreír, porque lo dije en serio, porque realmente lo sentí.

Sé que esto puede no ser exactamente lo mismo para cada uno de nosotros en nuestras vidas individuales en nuestros días individuales, pero Dios ha prometido proporcionar la gracia para cada uno de nosotros cuando nos humillemos ante Él y echemos nuestras preocupaciones en Él.

Utiliza este espacio para dibujar un momento de tu vida en el que te sentiste libre de cargas. ¿Qué edad tenías? ¿Qué ocurría?

En Cristo, hemos nacido de nuevo. Podemos ser como niños pequeños que nunca han sido heridos por el mundo grande y malo que da miedo. Niños que saben que nuestro papá nos va a proteger. Podemos ser así porque somos eso.

Si nunca has considerado que el orgullo puede ser una parte importante de tu ansiedad, confiesa las formas en que tu corazón ha sido orgulloso en el espacio de abajo. Es difícil confesar el pecado porque requiere humildad. Pero recuerde que 1 Juan 1:9 dice: «Si confesamos nuestros pecados, él es fiel y justo para perdonar nuestros pecados y limpiarnos de toda maldad». Y Santiago 4:6 nos recuerda que Dios «da gracia a los humildes».

Jesús no está en el negocio de quitarnos cosas. Él es un amante de las almas y un levantador de cargas. Cuando nos comunicamos con Él a través de la oración, recordando la realidad de que Él tiene esa clase de poder, podemos hacernos eco de la abuela Marlene (con la letra correcta), cantando: «Soy tan feliz y aquí está la razón; Jesús se llevó todas mis cargas . . . .»[4]

DÍA DOS

LA EXTRAÑA TEMPORADA: NARIZ-BOCA-LABIOS-DEDOS

Filipenses 4:1-9

Los primeros seis meses después de que me extirparan la tiroides, mi cuerpo se asustó un poco. Empezaron a ocurrir cosas raras. Por ejemplo, tenía un álbum de fotos guardado en mi teléfono titulado «Cosas raras de la nariz, la boca, los labios y los dedos» que llevaba a las consultas de los médicos de todo Nashville.

No quiero causarles impresión, pero hubo una amplia supuración, hinchazón y costras. EN MI CARA. Picazón, hormigueo y ardor. ¿Es suficiente? Estoy sintiendo que tú, leyendo esto en el futuro, estás incómodo. Voy a parar. Después de un descriptor más.

Acababa de pasar por el calvario de la tiroides. Me habían hecho análisis de sangre y tomografías y todo tipo de pruebas. Así que supongo que debería haberme consolado con eso. Pero, en mi mente, cada cosquilleo en la garganta y reacción alérgica era un síntoma de algo más grande. Un resoplido nunca es sólo un resoplido conmigo. Un resoplido es un cáncer nasal. Un picor es un linfoma. Un dolor de estómago es claramente una hemorragia interna.

Hacia el final de mi extraña cosa de nariz boca labio dedo (ECNBLD de ahora en adelante), Acudí a un especialista y le describí mis síntomas. Le mostré fotos de todas las llagas y le di una línea de tiempo detallada de los acontecimientos. Cuando terminé, me dijo: «Algunas de las palabras que has utilizado para describir tu estado... ¿te dedicas a la medicina?».

Este es el punto al que quiero llegar: lo que pones en tu mente —lo que piensas— lo que oras— importa. Pasé tanto tiempo preocupándome por estar enferma que parecía un médico.

Tal vez ya tengas apuntada la frase clave de esta semana. Tal vez la oración sea ya tu postura mientras luchas contra la ansiedad. Pero si tus oraciones suenan como las mías durante la temporada de la ECNBLD, puede que te encuentres con que sigues estando ansioso, incluso mientras oras.

Durante el ECNBLD, mis oraciones fueron extremadamente similares a todas las palabras que escribí en el comprobador de síntomas de *WebMD*. Era algo así como:

Dios, ¿se siente adormecida la punta de mi lengua? Señor, ¿por qué es tan suave por aquí y llena de baches por allá? ¿Es eso normal? ¿No se supone que tiene que estar llena de bultos en todas las zonas? Y el dedo anular de la mano izquierda me pica desde hace más de una semana. Eso no puede ser normal, ¿verdad, Dios? Vamos a ver lo que Google tiene que decir sobre esto durante las próximas dos horas.

No sé si alguna vez llegué al «Amén», porque mis oraciones no eran realmente oraciones, sino más bien sesiones de obsesión por el miedo.

Lo que estás pensando importa.

Lee Filipenses 4:1-9. ¿Cuáles son algunas de las palabras del versículo 1 que te permiten saber cómo se sentía el autor (Pablo) con respecto a las personas a las que les escribía?

Señalo esa introducción porque es útil al aplicar el evangelio a este pasaje. En el pasado, a menudo he atribuido un tono a la Palabra de Dios que simplemente no existe. Este pasaje no es enojado y obstinado. Es amoroso y útil.

El libro de Filipenses es la carta de Pablo al pueblo de Filipos, pero también es la palabra de Dios para nosotros, hoy. Dios no nos ataca en este capítulo por no pensar en las cosas correctas. Nos está ayudando amorosamente, como hizo Pablo con los filipenses, a pensar en las cosas que darán vida a nuestras almas.

Vuelve a leer los versículos 4-7. ¿Cuáles son las cuatro cosas que Pablo dice que hay que hacer en estos versículos?

¿En cuál de estas cuatro cosas eres mejor? ¿En qué necesitas crecer más?

En esta carta, Pablo estaba hablando a una iglesia que estaba en medio de la persecución. Así que la «preocupación» con la que esta gente estaba lidiando era válida, temores de vida o muerte.

¿Has temido alguna vez ser perseguida por tus creencias? Si es así, ¿qué provocó ese miedo? Si no es así, ¿cómo te sientes al considerar a los cristianos perseguidos en el mundo actual?

Vuelve a mirar el versículo 9. ¿Qué dijo Pablo que es el resultado de seguir su instrucción?

Es mucho más difícil temer lo roto, triste y aterrador de este mundo cuando experimentas la presencia tangible del Dios más poderoso que NADA. Orar pone tu mente en Dios, y, cuando tu mente está en Dios, tu mente está en paz.

El siguiente ejercicio puede llevarte algo de tiempo, pero merecerá la pena. Utiliza Google (no te pierdas en *WebMD*) o un diccionario bíblico para buscar cada uno de los términos de la tabla. Luego, escribe algo de cada categoría por lo que estés agradecida en los espacios en blanco junto a los términos y respalda tus respuestas con una referencia bíblica. En el tercer espacio en blanco, escribe lo que significa para tu batalla contra la ansiedad. Yo haré el primero para darte un ejemplo.

	EN QUÉ PENSAR	PASAJE BÍBLICO	HERRAMIENTA PARA MI BATALLA
LO QUE ES VERDAD	«Yo soy el camino, la verdad y la vida».	Juan 14:6	Jesús es la Palabra, y Sus palabras son verdaderas. Cuando tengo miedo, puedo encontrar consuelo que Él me promete esperanza y participación en Su gloria por toda la eternidad.
LO QUE ES DIGNO DE HONRA			
LO QUE ES JUSTO			
LO QUE ES PURO			

	EN QUÉ PENSAR	PASAJE BÍBLICO	HERRAMIENTA PARA MI BATALLA
LO QUE ES AMABLE			
LO QUE ES ADMIRABLE			
LO QUE ES MORALMENTE EXCELENTE			
LO QUE ES LOABLE			

Termina este día agradeciendo a Jesús por las bendiciones que has enumerado. Pídele que te ayude a que tus oraciones sean más adoradoras y menos dudosas, más agradecidas y menos ansiosas.

Ah, y por cierto, resulta que el ECNBLD era sólo una alergia al chapstick.

DÍA TRES

EL SACAPUNTAS MÁS SORPRENDENTE DEL MUNDO

Mateo 6:1-8

No sé cómo de extrema era tu angustia adolescente cuando estabas en el instituto, pero la mía era profunda. Prácticamente todo lo que hacía en el noveno grado era un esfuerzo por ser vista/observada/respetada/admirada por, bueno, todos los hombres que existían.

Recuerdo estar sentada en mi clase de la tercera hora, poniendo caras de estar escuchando intensamente durante las clases, preguntando al profesor lo que yo consideraba que eran preguntas reflexivas o divertidas o interesantes, y levantándome para afilar mi lápiz con estos pensamientos en mente: *¿Me está mirando alguno de los tres a siete chicos de los que estoy enamorada en esta sala y, si es así, están soñando despiertos con cómo me propondrán matrimonio cuando termine de afilar este lápiz? Y, si se declaran, ¿qué diré? Y si TODOS se declaran, ¿a quién elegiré?*

Como puedes ver, mis primeras ideas sobre el amor se centraban mucho en mí. Estaba tan extremadamente envuelta en mi deseo de ser amada que no amaba muy bien a otras personas. Toda mi vida era una especie de extraño arte escénico que decía, con cero sutileza, *MÍRAME! ¡ÁMAME! ¡POR FAVOR, TE LO RUEGO!*

También era la niña que se ofrecía para cerrar casi todas las clases en oración en mi escuela cristiana. Porque, así entonces los profesores e incluso DIOS me querrían más, ¿no?

Yo era un ejemplo clásico de lo que Jesús dijo que no había que hacer en el pasaje de hoy.

Lee Mateo 6:1-8.

¿Qué les dijo Jesús a Sus discípulos que no hicieran en los versículos 1-4?

¿Hay algo que haga en la vida con el único propósito de hacerse notar/ elogiar?

Los primeros versículos que acabamos de leer trataban sobre la generosidad: ayudar a los pobres y hacer el bien. Pero los siguientes que vamos a ver son específicamente sobre la oración.

Vuelve a leer los versículos 5-8. ¿Qué crees que quiso decir Jesús cuando dijo que los hipócritas que aman orar en público tienen su recompensa?

Muchos de nosotros estamos conectados para buscar la seguridad de que estamos haciendo las cosas bien. No hay ansiedad como la que se produce al preguntarse si se ha hecho bien lo que importa para la ETERNIDAD. Estos versos son un suave recordatorio para mí de que la oración no es una fórmula para ganar algo. La oración es su propia recompensa.

¿Qué te dicen los siguientes versículos sobre los beneficios de la oración?

2 Crónicas 7:14 ______________________________

Salmo 107:28-30 ______________________________

Salmo 145:18 ______________________________

Jeremías 33:3 ______________________________

Mateo 7:7-8 ______________________________

Hechos 9:40 ______________________________

Romanos 8:26 ______________________________

Filipenses 4:6-7 ______________________________

Santiago 1:5 ______________________________

Santiago 5:16 ______________________________

1 Juan 5:14-15 ______________________________

Las personas que oran falsamente para llamar la atención no obtienen la recompensa de la amistad, la intimidad y la conversación real, vivencial y de ida y vuelta con su Creador. No hay nada más increíble, nada que dé más paz, nada que merezca más la pena que hablar con Dios en secreto.

Describe el mejor momento de oración que recuerdes haber vivido.

¿Cuáles son algunas de las formas prácticas en las que puedes organizar tu agenda y tu vida para tener tiempo y espacio para estar a solas con Dios en la oración?

Examínate hoy. ¿Sigues acercándote a los afiladores de lápices, ansiosa por ser aprobada por tus compañeros defectuosos? No necesitas impresionar a Jesús con tus palabras o acciones o con tu habilidad para afilar lápices. Eres amada porque eres suya. Eres perdonada porque Él es misericordioso. Medita en eso hoy en tus pensamientos, en tus oraciones y en tus actos.

DÍA CUATRO

LA PEOR ORACIÓN QUE HE HECHO

Mateo 6:9-13; Mateo 11:28-30 y Romanos 8:26-27

La peor oración que he hecho fue en la mesa de un quirófano. Estaba a punto de someterme a la cirugía que me salvaría la vida después de que un embarazo ectópico me dejara sin bebé, un cuarto de galón de sangre suelto en mi abdomen y el peor dolor que jamás haya sentido.

El personal médico pasó de hacerme una ecografía a correr con mi camilla en un solo segundo. Los papeles que decían cosas como «No resucitar» y «testamento en vida» se barajaban cerca de mí, y las enfermeras no dejaban de cubrirme con mantas térmicas porque me temblaban los dientes. Estaba entrando en shock.

Cuando me transfirieron de la camilla al quirófano, un extraño dijo: «Bien, quiero que hagas una cuenta regresiva desde diez», y yo sabía que tenía menos de diez segundos para decirle a Dios lo que podrían ser mis últimas palabras.

En silencio, oré, *Si muero antes de despertar, ruego al Señor mi alma tomar . . .*[5]

Qué tragedia. Había estado tratando de caminar con el Señor durante una década en ese momento, y mi oración infantil rimada reveló que todavía estaba ansiosa por mi seguridad eterna. En aquel entonces, llevaba diez años estudiando la Biblia, orando, tratando de perseguir las cosas del Señor y, aun así, QUERÍA ASEGURARME de que si lo había «hecho mal» todas esas veces, todavía llegaría al cielo.

Dios utilizó esa tragedia cercana a la muerte en mi vida para darme seguridad en mi fe. Y esa misma oración es un ejemplo de cómo funciona.

Esto es lo hermoso. Mi peor oración no cambió el amor de Dios por mí. Podría haber cantado mi canción infantil de duda, haber muerto en la mesa y haber despertado en Sus brazos. No es nuestra habilidad lo que hace que la oración sea poderosa. Es el Dios al que oramos. Las oraciones más débiles tienen valor cuando somos hijos de Dios. Y, sorprendentemente, nuestro Padre no sólo hace que la oración sea poderosa, sino que nos ayuda a saber cómo hacerla.

¿Puedes pensar en una ocasión en la que hayas hecho una oración «débil»? ¿Qué ocurrió? ¿Qué hay en tu oración que te hace considerarla «débil»?

Lee Mateo 6:9-13. Utilízalo como modelo y escribe tu propia oración, versículo por versículo. Por ejemplo, podrías reescribir el versículo 9 («Padre nuestro que estás en los cielos, santificado sea tu nombre») diciendo: «Dios, Tú eres mucho más alto y más grande que yo. Eres bueno y puro y limpio y tan diferente a mí»)

Tu versión:

Ver. 9 ______________________________

Ver. 10 ______________________________

Ver. 11 ______________________________

Ver. 12 ______________________________

Ver. 13 ______________________________

El Padre Nuestro aquí puede sonar muy formal, pero el punto de Mateo 6 es que Dios no quiere que ores o hables o actúes para obrar. Gracias a Jesús, Dios es nuestro Padre. Gracias a Jesús, no tenemos que sentirnos culpables cuando hablamos con Él.

Esta oración me ayuda cuando no estoy seguro de cómo debo rezar. Me recuerda que debo agradecer a Dios por lo que es y por lo que ha hecho, en lugar de insensibilizarme y olvidarme. Me enseña que dependo totalmente de Él para satisfacer todas mis necesidades.

Vuelve a leer Mateo 6:9-13. Qué te enseña el ejemplo de oración de Jesús?

¿Recuerdas lo que Dios hace en nuestra debilidad? Repasa Romanos 8:26-27. ¿Qué hace Él?

Aquí hay una cosa. No creo que Dios haya considerado mi «peor oración» como la peor. No creo que eso sea cierto, basándome en lo que conozco de Jesús.

Pasa a Mateo 11:28-30. ¿Qué dijo Jesús en estos versículos?

¿No es una locura? Jesús es humilde. Jesús es el único ser que no necesita ser humilde.

Él y el Padre son uno. Pero Él se rebaja. Se asocia con nosotros, los pecadores. Se compadece de nuestras debilidades. Podemos hacer oraciones débiles. Podemos hacer oraciones silenciosas. Podemos hacer oraciones frustradas o tristes o alegres.

Jesús nos ama. Es así de simple. Y Él sabe que es difícil hablar con alguien que no podemos ver. Así que nos da este hermoso ejemplo. Este hermoso recordatorio.

Cierra este día dándole las gracias por mostrarnos el camino y por amarnos cuando lo hacemos mal o cuando nos sentimos demasiado débiles o ansiosos para hacerlo. Pídele que transforme tu vida de oración y te ayude a aprender a orar de una manera que lo glorifique y ayude a tu corazón a alcanzar la paz.

DÍA CINCO

EL LENGUAJE SECRETO DE JOY

Mateo 10:22; Juan 10:10; Juan 15:18-27; y Romanos 8:18-28

Los médicos de Vanderbilt no creen que nuestra hija Joy pueda hablar nunca. Es un milagro, pero tenía tantas cosas en contra en esos primeros años que, por mucho que lo intente y por mucho que se esfuerce, cuando intenta vocalizar, sus sonidos no salen como palabras.

La gente no puede entenderla.

Es algo que al principio era mucho más difícil de manejar. Cuando no todos dominábamos el lenguaje de signos, me frustraba no saber lo que decía. A veces lloraba y se enfadaba y hacía ruidos, y ninguno de nosotros podía entender lo que significaban.

Ahora, ella hace señas, y por lo general lo entendemos, pero de vez en cuando, todos nos quedamos rascando la cabeza, y por lo general se encoge de hombros y hace señas, «No importa, no fue nada», y se va.

Es algo difícil. Es algo difícil para ella, estoy seguro. Y es difícil, como su padre, querer conectar y entender lo que está pensando y no poder hacerlo. Tal vez tú hayas experimentado algo similar al intentar comunicarte con alguien que no habla tu idioma.

Los seres humanos, incluso los que no tenemos necesidades físicas o mentales especiales, estamos limitados en nuestra comunicación. ¿Te has quedado alguna vez sin palabras? Incluso las personas con los vocabularios más sofisticados se encuentran a veces en situaciones en las que simplemente no tienen palabras.

Lee Romanos 8:18-28. ¿Cuál de estos versículos significa más para ti hoy y por qué?

En los versículos 18-22, Pablo reflexiona sobre lo diferente que será cuando estemos libres de sufrimiento, libres de «dolores de parto» (v. 22). ¿Te lo puedes imaginar? Durante mis temporadas más intensas de ansiedad, mi mente me ha hecho sentir que el sufrimiento nunca terminaría.

¿Cuál es una circunstancia por la que «gime en su interior» (v. 23) hoy? ¿De qué espera ser liberado?

Para los cristianos, puede ser tentador mirar el pasaje de hoy y sentirse desesperado por el día de hoy y como si todo fuera a ser alfileres y retorcimiento de manos hasta el cielo. Sin embargo, el Evangelio nos dice que esto no es cierto.

Lee Juan 10:10 y copia la segunda frase en el espacio de abajo.

Si has sido parte de la iglesia por un tiempo, puedes haber oído el término *vida abundante* lanzado alrededor. Ese término viene de este versículo, cuando Jesús estaba explicando que Él ha venido para que podamos tener vida en abundancia.

Algunas personas malinterpretan esto y piensan que Jesús está diciendo que si lo sigues, tendrás todo lo bueno de la vida. En realidad, Jesús prometió lo contrario.

Lee Mateo 10:22 y Juan 15:18-27. ¿Cómo dijo Jesús que serían nuestras vidas como seguidores de Él?

La vida puede ser dura y aún así ser abundante. Jesús les dijo a sus discípulos y nos dice ahora que la vida alegre proviene de Él. La vida en abundancia sólo se encuentra cuando lo perseguimos a Él y a Su reino. Cualquier otra cosa nos dejará ansiosos e insatisfechos.

¿Has puesto a prueba esa verdad? ¿Has buscado la paz y el placer en cosas fuera de Jesús y has descubierto que no han funcionado?

Comparte a continuación las cosas que su carne anhela y a dónde conducen esos caminos.

Así que oramos. Oramos, recordando la verdad de Romanos 8. Oramos, recordando la verdad de Jesús como nuestro camino a la vida y la paz. Oramos, recordando la realidad de que después de esta vida, algún día estaremos en la gloria real con la paz eterna que nunca puede ir a ninguna parte. Oramos así, y eso nos cambia ahora mismo.

Oramos así, y el desprendimiento de las preocupaciones y la liberación de las cargas ocurren realmente.

Un día, mi hijo menor me preguntó si Joy podría hablar en el cielo. Me emocionó. Nunca me lo había planteado. Mi comunicación con mi hija no verbal es limitada. Pero Filipenses 3:21 me dice que en la segunda venida de Cristo tendremos cuerpos nuevos. Unos perfectos en los que todas las partes funcionen y ya no temamos que se rompan. Y los oídos y la boca de Joy funcionarán. Y nunca nos preguntaremos qué está diciendo cuando alabe a su Creador con nosotros alrededor del trono.

¿Por qué estás agradecido en este momento? Cuéntaselo a Dios. Él está escuchando.

La semana pasada, completaron el estudio personal de la sexta sesión en sus libros. Si no has podido hacerlo, ¡no pasa nada! Todavía puedes seguir las preguntas, participar en la discusión y ver el video. Cuando estés lista para comenzar, abre el tiempo de oración y pulsa el botón de reproducción del vídeo de la sexta sesión.

VER

Anota cualquier pensamiento, verso o cosa que quieras recordar mientras ves el vídeo de la sexta sesión de *Ansiedad*.

DEL ESTUDIO DE ESTA SEMANA

En grupo, repasen el versículo para memorizar de esta semana.

Humillaos, pues, bajo la poderosa mano de Dios, para que él os exalte cuando fuere tiempo; 7 echando toda vuestra ansiedad sobre él, porque él tiene cuidado de vosotros.

1 PEDRO 5:6-7

REPASO DEL ESTUDIO SESIÓN SEIS

Del primer día: ¿Cuáles son algunas formas prácticas de «humillarse» ante Dios?

Del segundo día: En Filipenses 4:4-7, ¿qué cuatro cosas dijo Pablo que había que hacer?

Del tercer día: ¿Cuáles son algunas formas prácticas de organizar tu agenda y tu vida para tener tiempo y espacio para estar a solas con Dios en la oración?

Del cuarto día: ¿Qué te enseña el ejemplo de oración de Jesús?

Del quinto día: ¿Cuál de los versículos de Romanos 8 te ha parecido más importante esta semana y por qué?

COMPARTIR

Esta semana hemos estudiado la oración. Hemos hablado de cómo hacerlo, de cómo no hacerlo y de cómo podemos echar nuestras preocupaciones sobre Jesús. Si te sientes cómoda, comenta tu propia experiencia con la oración. ¿En qué aspectos tienes dificultades? ¿Qué disciplinas has introducido en tu vida para ayudarte? ¿Tienes alguna historia asombrosa de oración contestada?

¿Qué es lo que te ha preocupado esta semana? ¿Cómo puede este grupo orar por ti?

La idea principal de esta sesión es «La oración es nuestra postura en la lucha contra la ansiedad». ¿Hay alguna forma en la que te propongas orar de manera diferente cuando lleves tus cargas al Señor? Discute las ideas con tu grupo.

ORAR

Esta sería una gran semana para utilizar la mayor parte de su tiempo para orar por una otra. Consideren la posibilidad de orar juntas el Padre Nuestro (Mateo 6:9-13). Tal vez tomar un verso a la vez y añadir a ella en la dirección de Jesús. Vuelve a mirar el cuarto día y comprueba cómo has cambiado el ejemplo de cada versículo con tus propias palabras. Túrnense para orar así y por las cargas de las demás.

Para accesar los videos de enseñanza, usa las instrucciones de la tarjeta que vino con el estudio.

Sesión siete

LECTORA ANSIOSA

LA BIBLIA ES NUESTRA ARMA
EN LA LUCHA CON LA ANSIEDAD

[LOS MANDAMIENTOS DEL SEÑOR] **DESEABLES SON MÁS QUE EL ORO** Y MÁS QUE MUCHO ORO AFINADO; Y DULCES MÁS QUE MIEL, Y QUE LA QUE DESTILA DEL PANAL. TU SIERVO ES ADEMÁS AMONESTADO CON ELLOS; EN GUARDARLOS **HAY GRANDE GALARDÓN**.

Salmo 19:10-11

DÍA UNO

¿CÓMO TE VA CON LEVÍTICO?

Hebreos 4:1-12

En 2008, una amiga y yo decidimos que nos íbamos a comprometer a leer la Biblia desde el Génesis hasta el Apocalipsis en un año.

Fue un buen objetivo, y los primeros días de mensajes de texto fueron muy bien.

El caso es que las dos abandonamos. Una de nosotras faltó un día. Una de nosotras tuvo una crisis. Los mensajes de texto se detuvieron. El plan se frustró. Nunca lo terminamos.

Escribo esto en el año 2022 y sonrío porque cada dos por tres, ella y yo nos registramos con un texto: «Así que. . . ¿qué estás haciendo ahora. . .? ¿Levítico?»

La lectura de la Biblia puede ser difícil. La Biblia fue escrita en diferentes idiomas a lo largo de años y años para múltiples audiencias. Contiene libros como el Levítico y el Apocalipsis. Si añadimos a esa complejidad la realidad de que tenemos un enemigo que viene «sólo para robar y matar y destruir» (Juan 10:10), no debería sorprender que haya días en que la lectura de la Biblia parezca un trabajo.

Pero la Biblia no es sólo un libro de historia; es un libro del cielo (Sal. 119:89). No sólo tiene palabras antiguas; tiene las palabras de Dios (2 Tim. 3:16). No es sólo larga; está viva (1 Pe. 1:23). La Biblia hace literalmente una obra sobrenatural en tu corazón mientras la lees (Isa. 55:11).

Nuestra propia debilidad, ansiedad, egoísmo y pecado, a veces, hacen que la Biblia sea difícil de leer, pero es la luz y la vida misma (Sal. 119:130; Mat. 4:4). La Biblia es nuestra arma en la lucha por confiar en Dios y encontrar la paz que Él da.

¿Cuáles son las razones más comunes por las que no lees tu Biblia?

También responderé a esa pregunta. Una de las principales razones por las que ignoro la Biblia es porque a veces traigo mi filtro de ansiedad al texto.

Cuando mi ansiedad es feroz, descubro que puedo malinterpretar las Escrituras y, en lugar de un Dios amoroso con una yema fácil, veo a uno que juzga con una lista de exigencias a las que nunca podré adherirme. El plan de Dios para nosotros es la paz, pero es posible leer la Biblia y sentir pánico.

Lee Hebreos 4:1-12. ¿A qué se aferra tu corazón y tu mente cuando miras el versículo 1?

Este es un gran ejemplo de cómo la ansiedad puede afectar a la lectura de las Escrituras. Algunos de ustedes probablemente vieron «la promesa de entrar en su descanso permanece» (v. 1) y pensaron *síííííííí*.

Otros vieron «cuidado que ninguno de vosotros sea hallado falto» (v. 1) y pensaron, *estoy peeeeeerdida*.

¿Qué reacción tuviste? (Siéntete libre de añadir tu propia reacción por escrito. Te he dado una casilla extra).

○ ***Sííííííí.***
○ ***Estoy peeeeeerdida.***
○ ______________________________.

Ambas frases son verdaderas. Aquí en Hebreos 4 está la esperanza del descanso, así como una advertencia sobre la incredulidad. Puede ser bastante aterrador leerlo si estás acostumbrado a escuchar las mentiras que te dice tu ansiedad. Pero el amor perfecto de Cristo «echa fuera el miedo» (1 Juan 4:18, RVR), así que miremos, sobriamente, este texto y examinemos nuestros corazones, no con pánico, sino como hijos de Dios.

Mira Hebreos 4:2-4.

¿Qué impide a la gente entrar en el resto?

¿Qué hace usted cuando intenta descansar?

El Señor, el que inventó el descanso (ver versículo 4) cuando creó todo lo que conoces y ves, sabe cómo satisfacer tu alma. Sabe cómo darte paz porque Él inventó la paz.

Nuestro pasaje de Hebreos 4 trata de varios tipos de descanso, entre los que se encuentran: el descanso final en la salvación, el disfrute eterno en el cielo y la paz que podemos experimentar incluso ahora en la tierra a través de la provisión de Cristo.

¿Cómo el descanso eterno prometido por Dios a través de la salvación en este pasaje forma la manera en que puedes descansar tu corazón ansioso incluso en el aquí y ahora?

Entrar en el descanso puede ser tan fácil como entrar en Su presencia. Si la Palabra de Dios está viva y es verdadera y está hecha para llevarte a Él, el tiempo en la Palabra de Dios debería ser un consuelo, no una tarea.

Ahora vuelve a mirar el versículo 10. Cuando imitamos a Dios descansando, ¿de qué estamos descansando?

Es agotador intentar hacerlo todo bien, ¿verdad? Porque fracasamos. Con el tiempo, nuestro trabajo se convierte en preocupación y se convierte en un desvío. Y si nuestra esperanza, nuestra paz y nuestro descanso están ligados a que «hagamos el bien», seremos aplastados cuando tengamos un mal día.

Vuelve a leer el versículo 11. En lugar de perseguir nuestra propia bondad, ¿qué nos dice la Palabra de Dios que nos esforcemos por hacer?

En el versículo 12, ¿qué cosas aprendemos que la Palabra de Dios es capaz de hacer?

¿No es una locura que un libro pueda leer tu mente? Es decir, parece una locura hasta que recuerdas que la Biblia es inspirada, o «inspirada por Dios». Si la Palabra de Dios está viva y activa en ese libro, ciertamente puede conocerte y hablarte, moldearte y enseñarte a través de esas palabras. Es una verdad tan hermosa.

Mi amigo y yo, o tus amigos y tú, podemos hacer un plan para intentar leer toda la Biblia en un año, en tres meses o en un fin de semana. Y tal vez lo hagas. Pero si lo haces para ganarte la aprobación de Dios, para marcar una casilla, o para mantenerte fuera del infierno (ese era yo), te lo estás perdiendo. Te estás perdiendo el resto. Te estás perdiendo la magia. Te estás perdiendo el regalo que la Palabra de Dios es para nuestros ansiosos corazones. Dios quiere que leas Su Palabra y entres en Su descanso aquí en la tierra y en la eternidad.

Termina este día agradeciendo a Dios por su Palabra, este regalo, esta arma. En tu oración, reflexiona sobre una ocasión en la que la Palabra de Dios fue un arma en tu lucha contra el miedo, si es que te viene alguna a la mente.

DÍA DOS

EL «PUEBLO DE DIOS» Y LA LECTURA DE LA BIBLIA

Salmo 19:1-11

Esto es algo de lo que lucho cuando se trata de la lectura de la Biblia:

- Me preocupa «hacerlo bien» o «hacerlo lo suficiente», y olvido que es un don vivo y activo.
- Me distraigo pensando en usar el tipo de Biblia equivocado. ¿Los supercristianos leen la Biblia en sus teléfonos? Eso no es tan bueno, ¿verdad? Necesito una Biblia de estudio grande y desgastada. Necesito una Biblia que no tenga la aplicación Tiny Wings™. Tiny Wings es genial. ¿Puedes creer que tu hija ha llegado a ser mejor que tú en Tiny Wings? Inaceptable, Scarlet. Sé mejor. Sólo sé mejor. Vamos a practicar Tiny Wings hoy, y ganaremos absolutamente la carrera a la Isla 4 esta noche.
- Me angustio/frustro cuando leo cosas que no entiendo.
- Me concentro tanto en los peligros potenciales o en los problemas que siento que tengo que arreglar que no miro al Señor.

Se necesita disciplina para leer la Biblia regularmente y bien. ¿Qué tipo de ritmos has establecido en tu vida para ayudarte a ser constante?

Leer la Biblia no tiene por qué ser una batalla. Hoy vamos a ver la primera parte de un salmo que escribió David, y reflexionaremos sobre lo que nos dice sobre la Biblia. Pero primero, veamos el comienzo de este salmo.

Lee el Salmo 19:1-6. En estos versículos, ¿qué es lo que declara y proclama la gloria de Dios?

La revelación general es la frase utilizada para explicar cómo la gloria y el carácter de Dios se revelan a la humanidad a través de la naturaleza.[1] Es esa cosa cuando te quedas frente al océano, sin palabras. Es eso cuando ves nacer a un bebé o te paras en la cima de una montaña o miras un valle y simplemente piensas, ¡*wow!*.

El mundo natural nos dice que Dios es glorioso. La creación, en su alcance y vida, revela algo de la belleza y la grandeza de Dios.

Pero Dios no nos deja mirando a los árboles y a los mares mientras nos preguntamos qué significa todo eso.

Lee Salmo 19:7-11.

La revelación especial es la comunicación sobrenatural entre Dios y la humanidad.[2] Los versículos 7-11 hablan directamente de eso.

¿Qué palabras clave de este pasaje nos indican que estos versículos se refieren a la Biblia?

¿Qué palabras utilizó David en los versículos 7 y 8 para describir la Biblia?

Lee el versículo 11. ¿Qué quiso decir David cuando dijo: «en guardarlos hay gran recompensa»?

Cuando era adolescente, salía para salir con mis amigos o para ir a una cita, y mi padre me detenía y me decía: «Scarlet, recuerda que todo pecado lleva a la angustia». Lo dijo muchas veces.

Me estaba dando libertad. Libertad para ir a sentarse en los cines o ir a fiestas con otros jóvenes de diecisiete años. Pero, una advertencia. Su advertencia no era: «No hagas cosas malas, o te castigaré». Su advertencia fue: «Si pecas, te harás daño. Te quiero, y no quiero que te duela».

¡Eso es lo que la Biblia hace por nosotros tan a menudo! Es como si Dios, inclinado sobre el mostrador de la cocina, dijera: «¡Así es como hay que vivir, hijo! Recuerda que el pecado lleva a la angustia».

¡La recompensa de «guardar» la Palabra de Dios como una prioridad en tu vida es paz-gozo-felicidad! Él no nos da reglas para dañarnos. Nos da instrucciones para protegernos. Él es un buen Padre.

En el espacio siguiente, escribe algunas razones personales por las que atesoras la Palabra de Dios.

DÍA TRES

UNA CARTA DE LA QUE PODEMOS APRENDER

Mateo 16:25 y 2 Timoteo 3:10-17

Pablo, el apóstol, (el tipo que también era conocido como Saulo —un judío serio y grande que mataba a los cristianos, pero luego Jesús lo cegó y se reveló a sí mismo y luego pasó el resto de su vida sirviendo y predicando y escribiendo libros bíblicos-ese tipo) . . . bueno, déjenme parar y tomar un respiro. Estoy muy orgulloso de mí mismo por ese resumen de la vida de Pablo.

Si quieres la versión no resumida, lee su increíble historia de conversión en Hechos 9.

Continuando. Pablo escribió un montón de libros bíblicos —cartas a las iglesias y a la gente— cartas que fueron escritas entonces y para entonces pero que Dios diseñó para ser aplicadas a nosotros hoy.

La autora y profesora de la Biblia Jen Wilkin hizo un Q&A en Instagram, y me encantó lo que dijo sobre la aplicación de las Escrituras. Ella dijo: «Toda la Escritura se aplica primero a su audiencia original...». Esto es importante porque la forma en que la aplicamos hoy debe relacionarse con la forma en que la aplicaron entonces. No puede significar algo para nosotros que nunca podría haber significado para ellos entonces. Una vez que se examina lo que les decía a ellos-por-entonces, se piensa en su mensaje para nosotros-por-siempre».[3]

Así que primero, veamos el contexto de «entonces» de nuestro pasaje de 2 Timoteo. Pablo estaba escribiendo esta carta a Timoteo, a quien conoció durante un viaje misionero.

En el capítulo que estamos viendo hoy, estaba animando a Timoteo a no perder el ánimo en tiempos de estrés y sufrimiento.

Lee 2 Timoteo 3:10-17.

¿Sobre qué reflexionaba Pablo en los versículos 10 y 11?

¿A quién atribuyó Pablo su rescate de los problemas?

¿Cuáles son algunas de las circunstancias difíciles que ha soportado recientemente?

¿Puedes hacerte eco de Pablo en alguna forma similar? ¿Cómo te ha provisto el Señor?

Solía quedar atrapado en versos como estos. Pensaba, *NO GRACIAS. QUIERO UNA BUENA VIDA*. Pero he vivido muchas temporadas de «buena vida» y aún así he sido miserable.

He vivido temiendo perder lo que tenía. Estresado por cosas que no importaban. Podemos quedar atrapados temiendo las cosas malas de esta vida cuando olvidamos que tenemos un premio que no nos pueden quitar.

Creemos que si nos aferramos a las cosas que amamos en la vida, las salvaremos. Pero lo cierto es lo contrario.

Lee Mateo 16:25.

¿Qué dijo Jesús que le pasaría a alguien que se dejara atrapar por «salvar su vida»?

Luego, Jesús pasó a describir un grupo que encontrará la vida. ¿Qué deben hacer los creyentes con sus vidas, según Jesús?

Si estamos ansiosos por aferrarnos a cualquier cosa en la vida que no sea Jesús, encontraremos que nunca estamos en paz. No importa lo buenos que seamos para preocuparnos, no somos capaces de aferrarnos a nada. No tenemos el poder de mantener la vida en marcha y de mantener los trabajos seguros y de mantener los cuerpos sanos. Cuando «perdemos» nuestras vidas o las entregamos, cuando confiamos en que Jesús sabe más que nosotros, ahí es donde encontramos la paz.

Lee 2 Timoteo 3:14-17.

¿Qué dice Pablo que nos da la Escritura (v. 15)?

Me gustan mucho los versículos 16 y 17. Qué hermosa lista de beneficios. En el cuadro de abajo, quiero que tomes cada beneficio y escribas en el espacio en blanco cómo esa cosa específica puede ayudarte mientras luchas contra tu ansiedad.

Enseñanza ______________________

Exhortación ______________________

Corrección ______________________

Instrucción en Justicia ______________________

La Biblia nos enseña sobre el Dios que murió para liberarnos de la esclavitud del miedo. La Biblia nos reprende cuando somos insensibles al pecado y nos entregamos a egocentrismo. La Biblia nos corrige cuando buscamos en las cosas equivocadas el consuelo y la seguridad. La Biblia nos entrena para vivir vidas centradas en disfrutar del amor que tenemos en Cristo y compartirlo con los demás. La Biblia nos recuerda que perder nuestras vidas es encontrar nuestras vidas.

Realmente nos equipa. Nos prepara para ser niños felices y sanos. Nos prepara para ser embajadores: personas con vocación de servicio, satisfechas y contentas que llevan sus cargas al único que es lo suficientemente fuerte como para llevarlas..

Termina este día preguntando al Señor qué quiere hablar en tu vida con respecto a tus miedos de hoy. Pídele. Lee. Escucha. Escríbelo abajo. Recuérdalo. Dios es para ti. Él te ama. Su Palabra es un regalo y un arma.

DÍA CUATRO

LA PALABRA ES UNA PERSONA

Génesis 1:26; Mateo 24:35; Lucas 21:33; y Juan 1:15,14

¿Recuerdas que en el primer día hablamos de Hebreos 4:12 y de cómo la Palabra de Dios puede discernir tus pensamientos e intenciones? Bueno, apenas podía esperar a llegar aquí, al Día Cuatro, porque vamos a hablar de por qué este libro tiene tanto poder. ¿Por qué este libro es capaz de cambiarnos y ayudarnos e incluso de CONOCERNOS? Hoy vamos a ver una de mis partes favoritas de la Biblia: Juan 1. Juan 1 nos dice quién es el Verbo.

Lee Juan 1:1-5. ¿Qué aprendemos sobre «la Palabra» en estos versículos?

Ahora, mira hacia abajo en la página de la Biblia hasta el versículo 14. Si la Palabra es Dios, y la Palabra se hizo carne y habitó entre nosotros, ¿quién es la Palabra?

El comentarista James Montgomery Boice escribió,

> ¿Qué piensas de Jesucristo? ¿Quién es él? Según el cristianismo esta es la pregunta más importante que o cualquier otra persona tendrá que enfrentarse. Es importante porque es ineludible: tendrás que responder tarde o temprano, en este mundo o en el mundo por venir y porque la calidad de su vida aquí y tu destino eterno depende de tu respuesta. ¿Quién es Jesucristo? Si sólo era un hombre, entonces puedes olvidarte de él. Si es Dios, como afirmó ser, y como todos los cristianos creen, entonces debes entregarle tu vida. Debes adorarle y servirle fielmente. [4]

La realidad de que Jesús es Dios no es sólo un hecho que hay que memorizar para sobresalir en la fe cristiana. Es la base de nuestra fe. Si Jesús no es Dios, entonces no estamos perdonados. Si Jesús no es Dios, seguimos esperando el castigo por nuestros pecados. Si Jesús no es Dios, no tenemos acceso a nuestro Creador, no tenemos acceso a la alegría que sólo podemos encontrar en Su presencia, y no tenemos acceso a la vida eterna más allá de la tumba.

Jesús es Dios. Jesús siempre ha sido Dios y siempre será Dios. Pero Jesús no sólo es descrito como Dios. Jesús es «la Palabra». Jesús, nuestro Rescatador, nuestra Esperanza, nuestra Paz, está vivo en las páginas de la Escritura.

Ahora, mira Génesis 1:26. ¿Hay algunas palabras en este versículo que te lleven a creer que Dios el Padre no estaba solo cuando creó el mundo? Enuméralas aquí.

Juan 1:2-3 afirma que Jesús estaba allí con Dios el Padre, en el principio. Así que en este pequeño puñado de versículos, aprendemos que Jesús es llamado el Verbo.

Aprendemos que Él es Dios, que también, como Dios, creó todas las cosas. Escuchen, tal vez eso haga que les duela el cerebro. No hay problema. Simplemente agradece a Dios que sea más inteligente que nosotros.

Pero es realmente importante que, al tratar de adorar a Jesús, reconozcamos que no es sólo un tipo, y que ni siquiera es «sólo» Dios. Jesús se nos revela en la Biblia. Dios habla a través de esas páginas.

¿Alguna vez has estado leyendo la Biblia y has experimentado a Jesús? (Con esto quiero decir que alguna vez has estado leyendo la Biblia y has sentido que no sólo estabas leyendo un libro sobre Dios, sino que te estabas comunicando con Dios a través del poder del Espíritu Santo).

Busca Mateo 24:35 y Lucas 21:33. ¿Qué nos dicen estos relatos que dijo Jesús?

¿Cuáles son algunos pasajes específicos que Él ha usado en tu vida? Compártelos en el espacio de abajo.

Busca Mateo 24:35 y Lucas 21:33. ¿Qué nos dicen estos relatos que dijo Jesús?

¿No es reconfortante saber que Jesús nos creó, que Él es para siempre, que no importa lo que venga contra ellos, sus palabras también son para siempre? Cuando las escuchas, cuando las lees, cuando las memorizas, el Espíritu se agita en tu alma y te ayuda a creer la verdad: la verdad de que este mundo aterrador no es para siempre, pero Jesús sí.

¿Qué es lo más reciente que has hecho cuando te has sentido superada por el pánico?

A veces, me despierto con pánico. Tal vez sea un mal sueño o, a menudo, simplemente me despierto para coger agua y un pensamiento horrible cruza mi mente. ¿Qué pasaría si a mi marido le ocurriera tal o cual cosa? ¿Y si una de mis hijas hace esto o aquello? ¿Y si... y si... y si... y si...?

A menudo, me acuesto y pienso en la Palabra o leo la Palabra, o a veces simplemente susurro el nombre de la Palabra, «Jesús».

Pero si sólo tienes una palabra, esa es la única. Él es el Uno. Él es la Palabra.

Dedica unos minutos a revisar mi lista de versículos favoritos de memoria para combatir la ansiedad, en el Apéndice de las páginas 186-187. Escoge un verso que te dé unas palabras para llevar contigo el resto del día. Escribe el versículo que elegiste y que te recuerda lo amado y protegido que estás por el Príncipe de la paz en el espacio de abajo y trata de memorizarlo.

Si lees la Biblia y no experimentas a Jesús, examina tu corazón y pregúntate cuáles son tus motivos.

Intente responder a las siguientes preguntas con sinceridad, marcando la que mejor se ajuste a su respuesta.

Cuando abres la Biblia, ¿buscas experimentar a Dios, o intentas «hacer lo que hace la gente buena»?
O Buscando experimentar a Dios.
O Tratando de hacer lo que la gente buena hace.

Cuando lees la Biblia, ¿la abres al azar y sacas versículos sin saber lo que significan y luego la cierras, sintiendo que has cumplido con tu deber del día?
O Sí.
O No, no es mi estilo.

Si no entiendes algo que has leído, ¿te das por vencido o presionas e investigas lo que significa?
O Tirar la toalla.
O Investigador es mi apellido.

Muchas de nuestras frustraciones bíblicas existen porque olvidamos que Dios sale a nuestro encuentro cuando abrimos la Biblia. La leemos porque debemos hacerlo. O la leemos porque que nos hace sentir que estamos ganando en la vida. No leas la Biblia como si estuvieras completando una tarea que no quieres hacer. Léela como si estuvieras en una cita de café con El Mejor amigo y lo que estás leyendo es lo que Él está diciendo (y lo que Él está diciendo son las palabras de la vida). Acude a la Biblia como si lo que estuvieras leyendo fuera Su consejo para ti, Su estímulo para ti, Su consuelo para ti.

Ahora, escribe una oración, adorando y agradeciendo a Dios por darnos acceso a Él a través de Su Palabra.

DÍA CINCO

VER A JOY ORAR

Juan 17:1-19

Ver a Joy orar en lenguaje de señas es una de las cosas más gratificantes que puedo experimentar como madre. Es increíble, porque cuando la conocí, hace tres años, no tenía ningún lenguaje. No tenía palabras. Cuando sentía cosas o necesitaba cosas, no sabía qué hacer.

Durante una semana y media, mientras estaba en China, pensamos que nunca aprendería ninguna palabra. No estaba bien desde el punto de vista médico. Pero nuestro primer rayo de esperanza llegó en la mesa del bufé, cuando se dio cuenta de que cada vez que papá le daba un bocado de yogur de vainilla, era después de llevarle los dedos a los labios. La señal de la *comida*.

Luego, aprendió la palabra *bebida*. Luego, *galleta*. La dulce Joy tenía hambre. Y esas tres palabras cambiaron su vida.

Ahora, ella ora.

Esta semana, me sacaron una muela (mis dientes me odian), y antes de ir al dentista, les dije a las niñas que estaba un poco asustada. Mi hija mayor se ofreció a orar por mí, y fue precioso. Y entonces, Joy se hizo cargo. Apretó los ojos y su mano se puso a orar por cada detalle de lo que iba a experimentar. Oró para que no tuviera miedo.

Leer Juan 17:1-19.

En Juan 17:1-19, leemos que Jesús, el Verbo hecho carne, ora por Sus discípulos. Dos veces en su oración, hizo peticiones en relación con la Palabra. ¿Cuáles fueron esas dos peticiones?

En el versículo 13, Jesús deseaba que sus discípulos tuvieran una alegría completa. Escribe sobre una ocasión en la que hayas obedecido la Palabra de Dios y hayas sentido alegría.

En el versículo 17, Jesús pidió que Dios santificara a sus amigos por medio de la Palabra. Prestemos atención a esto. Busca la palabra santificar en un diccionario y escribe la definición a continuación.

Ser *santificado* es estar separado de las cosas que son malas, las cosas que no son agradables a Dios. Cuando hablamos de ser santificados, estamos hablando de vivir como seguidores de Cristo. Así que, naturalmente, vemos muchas instrucciones sobre cómo los cristianos deben vivir en la Palabra.

No vamos a caminar perfectamente. Pero ser santificado significa dar pasos de obediencia y perseguir al Señor a través de la oración y de Su Palabra. Así es como llegamos a ser como Él. Así es como experimentamos el gozo del versículo 13. Así aprendemos a ser personas menos ansiosas. La Palabra nos conduce hacia la santificación y nos aleja de la ansiedad.

Piensa en la época más tranquila de tu vida. ¿Qué estabas haciendo? ¿Qué estaba ocurriendo?

¿En qué punto se encuentra su relación con Cristo?

Una de las épocas más tranquilas de mi vida fue cuando estábamos en el proceso de adopción. No teníamos dinero para hacer lo que estábamos haciendo. No teníamos respuestas médicas ni siquiera la esperanza de que las cosas funcionaran. Pero sabíamos que estábamos caminando en la dirección que el Señor nos guiaba. Su Palabra nos consolaba cuando estábamos tristes. Nos convenció de nuestros temores. Nos humilló cuando olvidamos que Él era la única razón por la que nos sucedía algo bueno.

¿Por qué importa que Jesús pidiera a Dios que santificara a sus amigos mediante la Palabra? Porque, esencialmente, lo que pedía era que sus amigos estuvieran seguros, tuvieran paz y fueran felices. La seguridad, la paz y la felicidad son los opuestos a la ansiedad. Y Dios quiere eso para nosotros. Dios quiere eso para ti.

Copia el versículo para memorizar de esta semana (que se encuentra al principio de esta lección) en el margen. (Te he mostrado dónde). →

Ahora, repasemos los versículos de memoria que ya hemos aprendido. Mira si puedes completar los espacios en blanco de memoria sin mirar hacia atrás. La Palabra de Dios es un arma. Su Palabra es un consuelo. Su Palabra es una forma de combatir la ansiedad. Alabado sea Dios.

SESIÓN DOS

Muchos dicen de mí, «No hay _____para él en Dios». *Selah*. Pero Tú, SEÑOR, eres _______ alrededor de mí, mi _______, el que levanta _____ _______.

SALMO 3:2-3

SESIÓN TRES

Mas buscad ______ el reino de Dios y Su ____________, y todas estas cosas os serán _________ . Así que, ______ ______ por el día de mañana, porque el día de mañana traerá su afán. Basta acada día su propio ________.

MATEO 6:33-34

SESIÓN CUATRO

Y Moisés dijo al pueblo: No ________; Estád ______ y ved la____________ que Jehová hará ____________hoy con vosotros; porque los egipcios que hoy habeís visto, nunca más para siempre los vereís. Jehová ______ por vosotros, y vosotros estaréis ______.

ÉXODO 14:13-14

SESIÓN CINCO

Porque si ______ en este tiempo,respiro y ____________ vendrá de alguna otra para los ______; más tú y la casa de tu padre pereceréis. ¿Y quién sabe si para esta ______ has llegado al reino?

ESTER 4:14

SESIÓN SEIS

_______, pues, bajo la _________ mano de _____, para él os exalte cuando ______ tiempo, ________ toda vuestra _______ sobre _____, porque Él _______ de vosotros.

1 PEDRO 5:6-7

La semana pasada, completaron el estudio personal de la sesión siete en sus libros. Si no has podido hacerlo, ¡no pasa nada! Todavía puedes seguir con el preguntas, participa en el debate y mira el vídeo. Cuando estés listo para comenzar, abre tu tiempo en oración y pulsa el play en el video siete para la sesión siete.

VER

Anota cualquier pensamiento, verso o cosa que quieras recordar mientras ves el vídeo de la séptima sesión de *Ansiedad.*

REPASO DEL ESTUDIO SESIÓN SIETE

Del primer día: ¿Cuáles son algunas de las razones más comunes por las que no lees tu Biblia?

Según Hebreos 4:2-4, ¿qué impide a la gente entrar en el descanso?

Del segundo día: ¿Qué tipo de ritmos has establecido en tu vida para ayudarte a ser constante con la lectura de la Biblia?

Del tercer día: ¿Cuáles son algunos de los beneficios de las Escrituras, como se encuentran en 2 Timoteo 3:16-17?

Del cuarto día: ¿Alguna vez has estado leyendo la Biblia y has experimentado a Jesús? (Con esto quiero decir que alguna vez has estado leyendo la Biblia y has sentido que no sólo estabas leyendo un libro sobre Dios, sino que te estabas comunicando con Dios a través del poder del Espíritu Santo).

Del quinto día: Piensa en la época más tranquila de tu vida. ¿Qué estabas haciendo? ¿Qué estaba sucediendo? ¿En qué punto de su relación con Cristo se encontraba?

DEL ESTUDIO DE LA SEMANA

En grupo, repasen el versículo para memorizar de esta semana.

[Las ordenanzas del Señor] son más deseables que el oro, que la abundancia de oro puro; y más dulce que la miel que gotea de un panal. Además, su siervo es advertido por ellos, y al mantenerlos hay un abundante recompensa.

SALMO 19:10-11

COMPARTIR

Esta semana, hablamos de combatir la ansiedad con la Palabra como arma. Si te sientes cómoda compartiendo, comenta las formas y circunstancias en las que has usado la Palabra de Dios para combatir tus preocupaciones.

¿Cuáles son algunas de las formas en las que has luchado con tu lectura de la Biblia? Ya que están juntas como grupo, esta es una gran oportunidad para aquellas que han caminado con el Señor durante mucho tiempo para compartir lo que les ha ayudado en su búsqueda del estudio de la Palabra.

¿Tienes un pasaje clave de las Escrituras al que recurres cuando sientes miedo? Comenta ese pasaje con tu grupo.

¿Hay algo que puedan hacer juntas como grupo para responsabilizarse mutuamente de pasar tiempo en la Palabra/Memorización de la Biblia? Hagan una lluvia de ideas juntas.

ORAR

Hoy, desafíense como grupo a orar la Escritura. Tomen cinco minutos para buscar en los Salmos o en otras partes de la Biblia algun pasaje bíblico que puedan utilizar en su tiempo de oración juntos. Luego, pasen el resto del tiempo de oración levantando las necesidades de su grupo y pidiéndole a Dios que las ayude mientras se animan unas a otras y luchan, de lado al lado, con la Palabra viva y activa como arma.

Para accesar los videos de enseñanza, usa las instrucciones de la tarjeta que vino con el estudio.

Sesión ocho

JUNTAS EN LA ANSIEDAD

LA COMUNIDAD ES NUESTRO AUXILIO EN LA LUCHA CON LA ANSIEDAD

Y CONSIDERÉMONOS UNOS A OTROS PARA ESTIMULARNOS AL **AMOR** Y A LAS **BUENAS OBRAS**; NO DEJANDO DE CONGREGARNOS, COMO ALGUNOS TIENEN POR COSTUMBRE, SINO **EXHORTÁNDONOS;** Y TANTO MÁS, CUANTO VEIS QUE EL DÍA SE ACERCA.

Hebreos 10:24-25

DÍA UNO

SERIES MÉDICAS, MERIENDAS, Y POR FAVOR, NO GENTE.

Hebreos 10:19-25

Poco después de mi experiencia de embarazo ectópico casi mortal, las cosas en mi vida se pusieron bastante oscuras.

No pude volver al trabajo durante un mes porque no podía moverme. Estaba casada sin hijos todavía, y mi marido había vuelto a trabajar, así que todo lo que había en mi vida ese mes eran las maratones de series médicas de la televisión que consumí, los bocadillos que me atracaban y la profunda tristeza que extrañamente disfrutaba.

Quería estar triste. Quería estar distraída. Quería que el mundo me dejara en paz.

Recuerdo a mi grupo pequeño tratando de invitarme a volver a la civilización, y Recuerdo haber ignorado sus llamadas. Recuerdo haber tirado las invitaciones a la fiesta de la final de la Liga de Campeones. Y recuerdo que me quedaba en casa y no iba a la iglesia los domingos, incluso cuando estaba lo suficientemente bien como para ir.

No quería que la gente me dijera que Dios tenía una razón para esto. No quería que la gente sonriera con simpatía y dijera: «¿Cuándo vas a intentar tener otro bebé?». No quería que la gente me animara a orar. No quería nada de eso. Sólo quería escapar con mi Anatomía según Grey, House y mi bolsa de Hot Tamales® junto a la cama.

¿Haz experimentado alguna vez una temporada de desánimo?

¿Cuáles fueron las circunstancias y qué sentiste?

Alejé a la gente. Alejé a Dios. No quería fingir una sonrisa, ni hablar, ni orar. Sólo quería distraerme de mi tristeza, y pensé que la manera de hacerlo era aislándome.

En el fondo, tenía miedo de acercarme a Dios con mis sentimientos porque sabía que mis sentimientos estaban equivocados. Me parecía mal estar enfadada con Él por las circunstancias en las que me encontraba. Así que me quedé en silencio. Me mantuve alejada. Y mi alma empezó a marchitarse.

Lee Hebreos 10:19-25. Gracias a Jesús, ¿de qué dice el versículo 22 que estarán llenos nuestros corazones?

Creo que el enemigo aprovecha la oportunidad cuando ve a un cristiano desanimado. Ya que no puede eliminarnos, trata de dejarnos fuera. Si puede evitar que queramos acercarnos al trono de la gracia, puede mantenernos arrugados.

La verdad es que podemos acercarnos a Dios con audacia, incluso si estamos desanimadas. Incluso si estamos mal y enojadas y en nuestro peor momento. Podemos acercarnos a nuestro Padre, hablarle y confiar en Él gracias a la sangre de Jesús. (Si esta frase no te resulta familiar, consulta las páginas 184-185 del Apéndice).

Mira de nuevo el versículo 23.

¿Por qué podemos aferrarnos a nuestra confesión de esperanza?

En el espacio siguiente, escribe tu propia confesión de esperanza en un par de frases. ¿Qué ha hecho Jesús por ti?

Lee los versículos 24-25.

Dios nos creó para la comunidad. Dios nos creó para ayudarnos mutuamente y para recordarnos que tenemos la misma confesión. Lo que Cristo hizo por un ser humano desordenado, enojado, triste y defectuoso, lo hizo por todos nosotros. Su sacrificio nos dio acceso al único que puede consolarnos y curarnos y asegurarnos que somos amados y que estamos bien, incluso cuando no nos sentimos así.

Utiliza a otros creyentes para recordárnoslo.

¿Puedes pensar en un momento de tu vida en el que el cuerpo de Cristo te sostuvo cuando estabas débil? Descríbelo a continuación.

A veces la ansiedad no se parece a tener miedo de las cosas malas. A veces se parece a tener miedo de Dios, estar ansiosa por pedirle lo difícil preguntas y estar preocupadas por dejar que otras personas nos ayuden y nos quieran y nos vean en nuestro peor momento.

La comunidad de otros cristianos es nuestro salvavidas en la lucha contra la ansiedad. No sé cómo habría salido de mi crisis de la televisión y de los caramelos si no hubiera sido porque Brandi y Nicole me traían la comida, el pastor Rick me decía que los discípulos también luchaban por dudar de Jesús, Toni me decía que podía decirle a Dios cómo me sentía aunque mis sentimientos fueran dolorosos, y Jackie rezando y ayunando en mi nombre y siendo un oído no crítico cuando decía que no quería orar. Esas personas me devolvieron a la vida con Jesús.

¿Qué puedes hacer esta semana para apoyarte en otros creyentes o dejar que se apoyen en ti?

DÍA DOS

SOBRE EL ODIO A LA AYUDA

Hechos 2:42-47

He pasado por un montón de ansiedades relacionadas con la iglesia. Tal vez te sientas identificada. A menudo he temido los domingos por la mañana por miedo:

- que se le pide que sirva en el ministerio de los niños;
- que se le acercan líderes de viajes misioneros entusiastas y apasionados;
- que me digan inesperadamente que alguien tiene una «palabra» para mí (no estoy en contra de la «palabra», pero, en momentos de ansiedad, ciertamente me ha cogido desprevenido).

Creo que, si me hubieran dado algún tipo de suero de la verdad durante los años en que estuve como una esposa de pastor muy joven, habría confesado algo así como: «Odio ayudar».

Si te angustia que otras personas te impongan expectativas o exigencias, probablemente no sea algo que quieras admitir por escrito. Así que no haré la pregunta, no sea que alguien mire tu libro de estudio de la Biblia cuando estés compartiendo las respuestas. Pero sospecho que a veces te has sentido igual.

La iglesia puede, a veces, sentirse como un flujo constante de *HAZ MÁS. AYÚDAME. DAR ESTO. CHICA, TENGO UNA LLAMADA PARA TI*. En el momento equivocado, puede llevarte al límite.

Como cristianos, queremos agradar al Señor, así que cuando sentimos que no lo hacemos o sentimos que los demás piensan que no lo hacemos, puede llevarnos a huir de las personas que necesitamos y de las personas que nos necesitan.

Comparemos esta tendencia con la actividad de la iglesia primitiva.

Lee Hechos 2:42-47.

¿A qué se dedicaban los primeros cristianos?

¿Cómo se comparan estas cosas con lo que usted o los creyentes en su vida se dedican?

La siguiente parte es para aquellos que están conectados como yo para leer sus propias experiencias, miedos y fracasos en el texto. Permítanme tranquilizarles.

No quiero que empieces a respirar en una bolsa de papel sobre este pasaje como lo he hecho en el pasado. Tenemos que mirar el contexto cultural de la iglesia primitiva. El hecho de que se reunieran diariamente no significa que usted esté fuera de la voluntad de Dios si no tiene reuniones de adoración diarias en su iglesia.

En esta nota, Ajith Fernando escribió,

> En ninguna parte se afirma que los cristianos deban seguir reuniéndose diariamente como lo hacían en los primeros días de la iglesia de Jerusalén (v. 46). Teniendo en cuenta las responsabilidades que uno tiene en la vida familiar y en el testimonio y la vocación en la sociedad, puede que no sea una buena idea que los cristianos tengan un programa en iglesia todos los días de la semana. La historia ha demostrado que por lo general, al comienzo de un avivamiento hay reuniones diarias. Después de eso, se reduce a una frecuencia menor pero regular patrón. Ciertamente es útil para los nuevos creyentes estar con los cristianos diariamente hasta que sean más estables en su fe.[1]

Todo esto para decir que respire y exhale si su grupo pequeño no tiene un horario diario. No tire por la borda su experiencia de programación de la iglesia tradicional por este texto. La iglesia primitiva era una comunidad. Comían juntos. Se ayudaban mutuamente. Adoraban, uno al lado del otro.

En nuestra cultura, esto podría ser como enviar un mensaje de texto a la familia de tu grupo pequeño para ver si necesitan ayuda para organizar las comidas después de una cirugía. Puede ser como dar tu bolsa de ropa usada para niños pequeños a la familia joven que comparte un coche (nosotros éramos esa familia y mis hijas todavía llevan esa ropa, ¡gracias, Beverly!) Es como hacer de la asistencia y la participación en tu iglesia local una prioridad. No porque te castiguen si no lo haces, sino porque serás amado y podrás amar y animar a otros cuando lo hagas.

Mira los versículos 46 y 47. ¿Qué dos adjetivos describen los corazones de la gente de esta iglesia primitiva?

Recuerdo haber leído Hechos 2 cuando estaba en la fase de yo-odio-ayudar *de mi vida y pensé, OK, esto suena terrible. No quiero tener gente en mi casa/habitación/mundo. No quiero regalar mis cosas. Quiero comer nachos sola, gracias.* (De hecho, sigo manteniendo esa idea. Comer nachos solo es la única manera de comer nachos).

Nuestro egoísmo inherente puede llevarnos a creer que nos sentiremos en paz si estamos solos con nuestros nachos, ajenos al drama de la gente. Pero en el Espíritu, tenemos todo en común. Cuando aprendemos a dejar de lado nuestra ansiedad por los demás, podemos experimentar cosas como la ALEGRÍA, el amor sincero y la paz.

Comparte una ocasión en la que hayas experimentado la alegría de estar al lado de un hermano o hermana en Cristo.

Hay mucha belleza en depender unos de otros. Hay belleza en necesitar a otros creyentes. Cuando nos acercamos al Señor y a los demás con la humildad que dice: «Necesito a Jesús y te necesito a ti», descubrimos que no estamos solos. Cuando tenemos miedo, estamos unidos y rodeados por un cuerpo de creyentes que comparten nuestra esperanza y nos recuerdan nuestra esperanza y encarnan nuestra esperanza en sus acciones.

Me alegra informar que ya no odio ayudar. Eso es porque a medida que un poco mayor y un poco más cansado del mundo, descubrí lo mucho que necesitaba ayuda. He experimentado la profunda necesidad del amor sincero y la generosidad de otros creyentes. He conocido la alegría de ser débil cuando otros que eran fuertes en el cuerpo de Cristo me consolaron y me restauraron y me llevaron de vuelta a la paz que tengo porque estoy sostenida por Cristo.

Termina este día orando por las personas de tu vida para que el Señor te use para amarlas y consolarlas y asegurarles que son amadas y están a salvo. Pide al Señor que te ayude a tener el valor de imitar a la iglesia primitiva y a convertirte en una persona que ama ayudar y ser ayudada.

DÍA TRES

¿PREFIERES CAMBIAR PAÑALES O APRENDER LENGUAJE DE SEÑAS?

Juan 13:34-35;; I Corintios 12:12-26; y Filipenses 2:8

Formar parte del cuerpo de Cristo se siente un poco como jugar a ese juego «¿Prefieres?».

Uno de mis momentos favoritos en la iglesia ocurrió mientras discutía un sermón con algunas amistades. Nos habíamos reunido durante un tiempo, y estábamos una mezcla de gente. Había una pareja de veinteañeros, el marido era músico cristiano y la mujer estudiaba enfermería. Había un hombre soltero, un matrimonio mayor y un puñado de personas en diferentes etapas y situaciones de la vida. No teníamos mucho en común, aparte de Jesús.

Así que un día, empezamos a discutir lo que nuestro pastor había enseñado y lo que su mensaje nos animaba a perseguir. Fuimos compartiendo alrededor del círculo aquello a lo que nos sentíamos llamados personalmente.

Una persona dijo que quería apuntarse para mecer a los bebés en la guardería los domingos. Una pareja de recién casados dijo que tenía ganas de acoger a chicos de secundaria procedentes de hogares con problemas. Hablamos de las luchas de comunicación que estábamos experimentando en nuestra adopción. Y después de unos minutos de compartir, todos empezamos a reírnos.

Todos nos sentíamos llamados a cosas tan diferentes, y ninguno de nosotros quería tener nada que ver con lo que sentía la persona de al lado.

Fue un momento feliz porque todos nos dimos cuenta de que estábamos siendo el cuerpo, tal y como Dios lo concibió.

Recuerdo que mi marido dijo: «Nunca, nunca querría mecer a los bebés los domingos. Eso es lo último a lo que me apuntaría». Y quien lo dijo se rió y dijo: «Bueno, no sé cómo habéis adoptado una hija sorda. Eso me parece imposible».

Fue un gran recordatorio de que las personas entregadas están llamadas a servir de manera que conduzcan a la alegría. No debemos temer lo que Dios nos pida que hagamos.

La ansiedad puede llevarnos a tener miedo al llamado, pero el amor nos lleva a perseguir el servicio de manera que se ajuste a cómo fuimos hechos.

Lee 1 Corintios 12:12-26.

¿Cómo se nos llama a nosotros, como creyentes, en este pasaje?

¿Qué «parte del cuerpo» crees que eres, o podrías ser, en el cuerpo de Cristo?

¿Qué dones o deseos ha plantado Dios en ti que te han llevado a esa conclusión?

Mira los versículos 15-24. ¿Alguna vez has deseado ser una parte diferente en el cuerpo de Cristo? ¿Alguna vez has sentido envidia de alguien que fue llamado a algo diferente?

¿Qué tenía esa persona que tú sentías que te faltaba? ¿Cómo crees que Jesús hablaría de ese sentimiento?

Dios no nos diseñó para ser un pueblo que se derriba mutuamente y persigue la vocación de otro. Debemos trabajar juntos en unidad con preocupación por los demás.

Lee Juan 13:34-35.

¿Cómo nos manda Jesús que nos tratemos unos a otros?

¿Qué mostrará al mundo este «amor tú primero», según el versículo 35?

Cristo nos dio el máximo ejemplo en esto. Ciertamente podría haber querido un trabajo más fácil. En cambio, se humilló a sí mismo.

¿Cómo nos dice Filipenses 2:8 que Jesús se humilló?

Jesús dejó la majestuosidad del cielo y vino aquí como un niño. Vivió su vida satisfaciendo las necesidades de los demás, y murió esa muerte atroz que trajo a Su pueblo la vida.

Cuando nos deleitamos en el Señor, somos capaces de deleitarnos en cómo nos hizo. Somos capaces de utilizar los dones que Él nos ha dado para amar y servir, y es ahí donde encontramos la alegría. Es ahí donde la ansiedad desaparece. Es ahí donde dejamos de preocuparnos por nuestra comodidad y seguridad porque estamos demasiado ocupadas siendo bendecidas sirviendo a las necesidades de nuestros amigos.

¿De qué manera sientes que Dios te ha equipado de manera única para poder servir al cuerpo?

En el espacio siguiente, piensa en tres personas que hayan sido «el cuerpo» para ti, sufriendo en tu sufrimiento, alegrándose en tus alegrías y deleitándose en tu honor. Haz un esfuerzo por acercarte a ellas y animarlas esta semana.

1.

2.

3.

¿A quién puedes servir esta semana? ¿Qué puedes hacer? ¿A quién te ha llamado Dios a amar en este momento?

Si te sientes ansiosa por tu llamado, usa el espacio de abajo para orar para que Dios te conceda claridad de propósito y alegría al entregarte a la obra de Su reino. Ora por la alegría y la paz y reza para que Dios te use para ayudar a otros a ver que son amados.

DÍA CUATRO

GENTE QUE DA MIEDO LOS LUNES POR LA NOCHE

Romanos 15:7-13 y 2 Corintios 3:18

Cuando estaba embarazada de mi hija menor, tenía aversión a la carne y a los grupos pequeños. Mi marido dirigía nuestro grupo, y yo me oponía rotundamente a la participación de las embarazadas.

«¡Estoy manteniendo a un bebé vivo! ¿Cómo voy a estar también con gente los lunes por la noche?» Por supuesto, me daba pánico.

En mi opinión, hacer un grupo pequeño estando con niños era una tarea imposible. Significaba contratar niñera y escuchar durante mucho tiempo y que la gente pidiera ayuda. Me pasaba las tardes de los lunes preocupada porque alguien, el lunes por la noche, necesitara mi ayuda mientras yo intentaba dedicar toda mi energía y concentración al crecimiento del bebé. ¡Qué horror!

Sí. Esa soy yo. Esa es tu maestra de estudio de la Biblia.

Nunca olvidaré la noche en la que el grupo pensó en un proyecto de servicio que podíamos hacer juntos.

Quería ser transportada a otro planeta. *¿Y si votaran para que fuéramos a buscar a los asesinos a mitad de camino de asesinar y les habláramos de Jesús? ¿Y si nos pidieran que nos ganáramos la confianza de los asesinos a punto de asesinar dejándoles cuidar a mi recién nacido?*

Pensaba en excusas. Temía los lunes por la noche.

Y entonces, algo sucedió. Me senté al lado de otros seguidores de Jesús tantas noches seguidas que empecé a amarlos. Respondían a las preguntas de estudio con versículos bíblicos que habían memorizado. Sostenían a mi bebé (que finalmente nació) cuando mis brazos se cansaban. Nos trajeron comida cuando habíamos tenido una semana difícil. Este grupo amó mi miedo, y su amor me hizo querer amarlos a ellos. Luego, me hizo querer amar al mundo entero.

De hecho, Dios nos llamó a adoptar a Joy mientras hacíamos vida junto a esas personas.

Lee Romanos 15:7-13.

¿Qué nos dice el versículo 7 que debemos hacernos los unos a los otros como Cristo ha hecho con nosotros?

¿En qué se convirtió Cristo en nombre de la verdad de Dios?

¿Qué confirmó a los padres?

En tu propia vida, en tu propia iglesia, en tu propio cuerpo local de creyentes, ¿qué oportunidades únicas tienes personalmente para ser un servidor de la gente que te rodea?

Nosotros, como cuerpo de Cristo, somos capaces de imitar a Cristo acogiendo a las personas en nuestras vidas, sirviéndolas, recordándoles las promesas de Dios. Hacemos esto por los demás y, como resultado, recibimos bendiciones.

¿Con qué bendiciones nos llena Dios cuando creemos? (Véase el versículo 13).

«Y el Dios de esperanza os llene de todo gozo y paz en el creer, para que abundéis en esperanza por el poder del Espíritu Santo» (v. 13). Hasta aquí, amigas. Acójanse los unos a otros hasta que sus preocupaciones desaparezcan. Sírvanse hasta que de repente se llenen de paz. Estén en el cuerpo. Por favor, estén en el cuerpo, para que puedan rebosar de esperanza. Tenemos una situación tan increíble juntos en Jesús.

Durante mi temporada de miedo contra los grupos pequeños, estaba tan ansiosa por lo que la gente me cargaría, pero nunca lo sentí como una carga. Sólo eran personas como yo que buscaban el servicio en Cristo, y, como resultado, tenían alegría y paz, y eso me desbordaba y me cambiaba.

Mi ansiedad se evaporaba cuando me conectaba con esas personas. Me sentía fuerte a su lado porque eran muy buenos para satisfacer mis necesidades, y me encantaba encontrar formas de satisfacer las suyas. Era un desbordamiento natural de la alegría y la paz que me había dado Dios, a través de ellos.

Es para lo que estamos hechos.

En el gráfico circular de abajo, rellena qué porcentaje del tiempo sientes que rebosas de alegría y paz y qué porcentaje del tiempo eres esclavo de tus miedos.

Va y viene. Pero creo que nuestros gráficos de tarta tendrán un aspecto diferente dentro de diez años. Creo que 2 Corintios 3:18 es cierto.

> Todos, con los rostros descubiertos, estamos
> mirando como en un espejo a la gloria del Señor
> y se transforman en la misma imagen de gloria
> en gloria; esto es del Señor que es el Espíritu.

Dios siempre está transformando a Sus hijos, y a menudo utiliza a Sus otros hijos para hacerlo. Qué regalo. Qué alegría. Podemos ser parte de la curación, la esperanza y la libertad de nuestros amigos.

Un factor que contribuye en gran medida a la ansiedad es el aislamiento. Si has estado alejando activamente a la gente de tu dolor, ¿qué puedes hacer esta semana para atraer a la gente?

Nombra a otro creyente al que puedas acudir para que rece, te apoye y te ayude.

Si no estás luchando actualmente, ¿a quién puedes apoyar esta semana? ¿A quién puedes animar y apoyar y recordarle que es amado y que no está solo?

DÍA CINCO

UN ESTUDIO DE BALLET, UNA BIOPSIA Y UNA MADRE VALIENTE

2 Corintios 1:3-7

Mi madre y yo estábamos en el baño del estudio de ballet de mi hija cuando me dijo que había encontrado un bulto. Me dejó sin aliento. ¿Cáncer? ¿La peor de las cosas malas y aterradoras? ¿Mi madre?

Fue un año surrealista. La operaron. Se sometió a quimioterapia. Se sometió a radiación. Se quedó calva. Estaba viviendo mi peor pesadilla.

La primera vez que fui a verla durante su tratamiento de quimioterapia, me sorprendió el entorno. Estaba al final de un largo pasillo blanco y estéril. En cada habitación que pasaba, veía mujeres calvas con caras tristes y cansadas y caras asustadas.

Todo lo que podía pensar era, *Este es el valle de la sombra de la muerte*.

Y entonces llegué a la habitación de mi madre, y allí estaba. Peluca rizada del color del arco iris. Un Venti Frappuccino®. Su portátil sobre la mesa y su gran Biblia en el regazo.

«¡Mi bebé!», dijo.

Allí estaba ella, al final del valle, mostrándome cómo atravesarlo. Mi mamá estaba siendo consolada por la Palabra de Dios, y ella pudo consolarme con su testimonio.

Años más tarde, cuando pasé por un susto de cáncer, pensé en ella, en su fe y en su paz. Recordé la esperanza que compartimos en Jesús, y las cirugías y la espera no fueron tan aterradoras.

Lee 2 Corintios 1:3-7.

Cualquiera estaría de acuerdo en que la paciente de cáncer a la que se le está infundiendo veneno rojo en el torrente sanguíneo es la que necesita consuelo. Pero, a través de el poder de Cristo, Dios es capaz de utilizar a los afligidos para revelar Su poder. El poder que Él tiene nos da paz cuando la vida es lo contrario de pacífica.

¿Cómo llamó Pablo a Dios en el versículo 3?

El comentarista David E. Garland dijo: «Aquí lo identifica como el Padre de todas las misericordias y Dios de todo consuelo y da a entender que las misericordias y el consuelo se hacen realidad a través de Cristo».[2]

Esto es importante porque a través de Cristo, Dios es capaz de consolarnos ya que Cristo derrotó al pecado y a la muerte. Cristo rompió la maldición para que toda esta tristeza-temblor con la que vivimos desaparezca algún día. Dios puede consolarnos porque es el único que tiene el poder de consolarnos. Su consuelo no es falso ni temporal. Es poderoso. Es eterno. Se puede compartir.

Según el versículo 4, ¿qué podemos hacer con el consuelo que Dios nos da en nuestra aflicción?

Los versículos 4-5 nos dicen que el consuelo de Cristo se desborda en nosotros como creyentes. Un cristiano que consuela a otro cristiano no es sólo un «tranquilo, tranquilo» con una palmadita en la espalda. Un cristiano es un mensajero lleno del Espíritu, compartiendo lágrimas y compartiendo la esperanza de que un día, como dijo Sally Lloyd-Jones, «todo lo triste dejará de serlo».[3]

¿De qué manera te han consolado otros creyentes cuando te sentías ansioso o afligido?

No se puedes estar convencida de que el mundo se está derrumbando y al mismo tiempo estar convencida de que el mundo se está haciendo nuevo. La ansiedad es complicada. Y hay tantas razones para ella y tantos factores biológicos y emocionales. Pero cuando sacamos a la luz nuestros miedos y nuestras dudas, cuando hacemos vida al lado de otros creyentes, vemos que aunque caminan por cosas que dan miedo, como el cáncer, también caminan con esperanza y consuelo. Eso es contagioso. La esperanza, no el cáncer. Alabado sea Dios.

La paz de mi madre se derramó en esa clínica de infusión cuando estaba recibiendo sus tratamientos contra el cáncer. Me tocó a mí, y tocó a las enfermeras, y tocó a los médicos, y tocó a otras personas que sufrían la misma enfermedad.

Su alegría hizo que la gente pensara: *¿Por qué? ¿Qué es esta esperanza? ¿De dónde viene este consuelo?*

En el espacio siguiente, pídele a Dios que te consuele en las áreas de tu vida que te provocan ansiedad. Pídele que use ese consuelo no sólo para recordarte la seguridad y la esperanza de tu alma, sino para que se derrame sobre otros que también están ansiosos.

Solas, estamos ansiosas. Solas, estamos convencidas de que este mundo nos va a comer vivos. Pero juntas, somos recordatorios andantes, somos pruebas andantes, de que aunque Jesús tenía razón cuando dijo: «En el mundo tendréis aflicción» (Juan 16:33), también tenía razón cuando dijo que podemos «confiar» porque Él ha vencido al mundo.

Me gustaría tener las palabras y el poder para terminar este estudio prometiéndote que completar este libro te ayudará a superar la ansiedad. Pero no puedo hacer esa promesa. Soy impotente; soy pecadora; y a menudo también tengo miedo. Pero sé que Dios nos hizo para darle gloria. Sé que Él es glorificado cuando las personas ansiosas le recuerdan a otras personas ansiosas la verdad. La verdad que resucita a los muertos y da esperanza a los desesperados. Esta verdad que es tan poderosa, que nos cambia de personas egocéntricas, aisladas y solas a embajadores de la paz llenas de alegría y con un propósito. Vivimos en un lugar que da miedo, y somos débiles. Pero eso no es todo. Estamos unidos por un Salvador que ha ganado y está ganando y ganará para siempre sobre toda cosa ansiosa.

Aférrate a Su Palabra. Aférrate a esta emocionante esperanza. Aférrate a otros que están unidos por Él y regocíjate conmigo de que somos amados, de que somos libres, de que estamos a salvo en todos los aspectos que más importan, y de que un día estaremos a salvo para siempre.

NOTAS

La semana pasada, completaron el estudio personal de la sesión ocho en sus libros. Si no has podido hacerlo, ¡no pasa nada! Todavía puedes seguir con el preguntas, participar en la discusión y ver el vídeo. Cuando estés lista para comenzar, abre tu tiempo en oración y pulsa el play en el video ocho para la sesión ocho..

VER

Escribe cualquier pensamiento, verso o cosa que quieras recordar mientras ves el vídeo de la octava sesión de *Ansiedad*.

DEL ESTUDIO DE ESTA SEMANA

En grupo, repasen el versículo para memorizar de esta semana.

Y considerémonos unos a otros para estimularnos al amor y a las buenas obras; no dejando de congregarnos, como algunos tienen por costumbre, sino exhortándonos; y tanto más, cuanto veis que aquel día se acerca..

HEBREOS 10:24-25

REPASO DEL ESTUDIO SESIÓN OCHO

Del primer día: ¿Ha experimentado alguna vez una temporada de desánimo? ¿Cuáles fueron las circunstancias y qué sentiste?

Del segundo día: Según Hechos 2:42-47, ¿a qué se dedicaban los primeros cristianos? ¿Cómo se comparan estas cosas con las que usted o los creyentes en su vida se dedican?

Del tercer día: ¿Alguna vez has deseado ser una parte diferente en el cuerpo de Cristo? ¿Has sentido alguna vez envidia de alguien que ha sido llamado a algo diferente?

Del cuarto día: ¿Qué nos dice Romanos 15:7 que debemos hacernos los unos a los otros como Cristo ha hecho con nosotros?

Del quinto día: Según 2 Corintios 1:4, ¿qué podemos hacer con el consuelo que Dios nos da en nuestra aflicción? ¿Cuáles son algunas maneras en que otros creyentes te han consolado cuando te sentías ansioso o afligido?

COMPARTIR

Esta semana hemos visto cómo Dios nos creó para la comunidad. Nos creó para alentarnos y animarnos mutuamente. Nos creó para mantenernos unidos en esta vida a menudo aterradora e impredecible. Permite tiempo para quien quiera compartir un testimonio de que Dios le ha consolado de una manera que ha consolado a otros o de que han sido consolados por Dios a través de otros.

¿Tiendes a aislarte o a buscar una comunidad cuando te sientes ansiosa? Si te aíslas, ¿a quién le pedirías rendirle cuentas, para tenderte la mano, para asegurarte de que no estás tratando de luchar sola cuando estás luchando?

Reflexiona sobre lo que Dios te ha enseñado sobre la lucha contra la ansiedad a lo largo de esta semana. ¿Qué has aprendido que te haya ayudado más? ¿Qué pasajes te han reconfortado más? ¿Qué harás de manera diferente en el futuro para pelear la buena batalla y terminar la carrera (2 Tim. 4:7)?

ORAR

Terminen su tiempo juntas en oración, agradeciendo a Dios por lo que ha hecho, agradeciéndole por ser nuestra fuente de consuelo y esperanza en un mundo lleno de miedo cosas. Eleva al Señor las peticiones específicas de los miembros de tu grupo en la fe, creyendo que Él es soberano y que todas las cosas cooperan para el bien de los que le aman y son llamados según su propósito (Rom. 8:28).

Para accesar los videos de enseñanza, usa las instrucciones de la tarjeta que vino con el estudio.

APÉNDICE
CÓMO SER CRISTIANO

Romanos 10:17 dice: «Así que la fe es por el oír, y el oír, por la palabra de Dios».

Tal vez hayas encontrado información nueva en este estudio. Tal vez has asistido a la iglesia toda tu vida, pero algo que leíste aquí te impactó de manera diferente. O tal vez estés agotada de luchar contra la ansiedad, y estés buscando el descanso y la paz que sólo puede venir al echar tus preocupaciones en Jesús, quien cuida de tí. Si nunca has aceptado a Cristo pero te gustaría hacerlo, sigue leyendo para descubrir cómo puedes convertirte en cristiano.

Tu corazón tiende a huir de Dios y a rebelarse contra Él. La Biblia llama a esto pecado. Romanos 3:23 dice: «Por cuanto todos pecaron y están destituidos de la gloria de Dios».

Sin embargo, Dios te ama y quiere salvarte del pecado, para ofrecerte una nueva vida de esperanza. Juan 10:10b dice: «He venido para que tengan vida y la tengan en abundancia».

Para darte este regalo de salvación, Dios hizo un camino a través de Su Hijo, Jesucristo. Romanos 5:8 dice: «Pero Dios demuestra su amor por nosotros en que, siendo aún pecadores, Cristo murió por nosotros».

Este don se recibe sólo por la fe. Efesios 2:8-9 dice: «Porque sois salvos por gracia mediante la fe, y esto no proviene de vosotros, sino que es un don de Dios, no por obras, para que nadie se gloríe».

La fe es una decisión de tu corazón demostrada por las acciones de tu vida. Romanos 10:9 dice: «Si confiesas con tu boca que Jesús es el Señor, y crees en tu corazón que Dios lo resucitó de entre los muertos, serás salvo».

Si confías en que Jesús murió por tus pecados y quieres recibir una nueva vida a través de Él, haz una oración similar a la siguiente para expresar tu arrepentimiento y tu fe en Él.

Querido Dios, sé que soy un pecador. Creo que Jesús murió para perdonar mis pecados. Acepto Tu oferta de vida eterna. Gracias por perdonarme todos mis pecados. Gracias por mi nueva vida. A partir de hoy, elegiré seguirte.

Si has confiado en Jesús para la salvación, por favor comparte tu decisión con la líder de tu grupo o con otra amistad cristiana. Si aún no asistes a la iglesia, busca una en la que puedas adorar y crecer en tu fe. Siguiendo el ejemplo de Cristo, pide ser bautizada como expresión pública de tu fe.

LOS VERSÍCULOS DE SCARLETT PARA COMBATIR EL TEMOR

Colócalos en tu bolsillo. Pégalos en tus espejos. Escríbelos en la cara de tus hijos. Esto es la verdad. Estas palabras tienen poder. Así es como luchamos.

> Sean fuertes y valientes. No teman ni se asusten ante esas naciones, pues el Señor su Dios siempre los acompañará; nunca los dejará ni los abandonará.
> DEUTERONOMIO 31:6 (NVI)

> Ya te lo he ordenado: ¡Sé fuerte y valiente! ¡No tengas miedo ni te desanimes! Porque el Señor tu Dios te acompañará dondequiera que vayas.
> JOSUE 1:9 (NVI)

> Busqué al Señor, y él me respondió; me libró de todos mis temores.
> SALMO 34:4 (NVI)

> Cuando siento miedo, pongo en ti mi confianza.
> SALMO 56:3 (NVI)

> Tú guardarás en completa paz a aquel cuyo pensamiento en ti persevera; porque en ti ha confiado.
> ISAÍAS 26:3

> Así que no temas, porque yo estoy contigo; no te angusties, porque yo soy tu Dios. Te fortaleceré y te ayudaré; te sostendré con mi diestra victoriosa.
> ISAÍAS 41:10 (NVI)

> Por eso les digo: No se preocupen por su vida, qué comerán o beberán; ni por su cuerpo, cómo se vestirán. ¿No tiene la vida más valor que la comida, y el cuerpo más que la ropa? Fíjense en las aves del cielo: no siembran ni cosechan ni almacenan en graneros; sin embargo, el Padre celestial las alimenta. ¿No valen

ustedes mucho más que ellas? ¿Quién de ustedes, por mucho que se preocupe, puede añadir una sola hora al curso de su vida? ¿Y por qué se preocupan por la ropa? Observen cómo crecen los lirios del campo. No trabajan ni hilan; sin embargo, les digo que ni siquiera Salomón, con todo su esplendor, se vestía como uno de ellos.
MATEO 6:25-29 (NVI)

En consecuencia, ya que hemos sido justificados mediante la fe, tenemos paz con Dios por medio de nuestro Señor Jesucristo.También por medio de él, y mediante la fe, tenemos acceso a esta gracia en la cual nos mantenemos firmes. Así que nos regocijamos en la esperanza de alcanzar la gloria de Dios.Y no solo en esto, sino también en nuestros sufrimientos, porque sabemos que el sufrimiento produce perseverancia; la perseverancia, entereza de carácter; la entereza de carácter, esperanza.Y esta esperanza no nos defrauda, porque Dios ha derramado su amor en nuestro corazón por el Espíritu Santo que nos ha dado. A la verdad, como éramos incapaces de salvarnos, en el tiempo señalado Cristo murió por los malvados.
ROMANOS 5:1-6 (NVI)

Al que no cometió pecado alguno, por nosotros Dios lo trató como pecador, para que en él recibiéramos la justicia de Dios..
2 CORINTIOS 5:21 (NVI)

No se inquieten por nada; más bien, en toda ocasión, con oración y ruego, presenten sus peticiones a Dios y denle gracias. Y la paz de Dios, que sobrepasa todo entendimiento, cuidará sus corazones y sus pensamientos en Cristo Jesús.
FILIPENSES 4:6-7 (NVI)

Pues Dios no nos ha dado un espíritu de timidez, sino de poder, de amor y de dominio propio.
2 TIMOTEO 1:7 (NVI)

El amor perfecto echa fuera el temor . . .
1 JUAN 4:18a (NVI)

REFERENCIAS

SESIÓN UNO

1. No se requiere las meriendas pero se recomiendan.
2. Tim Keller, "The Wounded Spirit", Gospel in Life, 5 de diciembre de 2004, consultado el 18 de febrero de 2021, https://gospelinlife.com/downloads/the-wounded-spirit-5389/.

SESIÓN DOS

1. Los estudiosos de la Biblia dicen que Abimelec se usaba a veces como nombre propio, pero también era un título común para un rey filisteo. Así, como se explica en el Holman Illustrated Bible Dictionary (p. 9), Abimelec puede haber sido el título del rey Aquis. Es probable que sean el mismo tipo.
2. C. H. Spurgeon, "Salmo XXVII" y "Salmo LII", The Treasury of David, Vol. II (Nueva York: Funk & Wagnalls, 1885).
3. Ibid.
4. "Jehová Rapha (El Señor que sana)", Blue Letter Bible, consultado el 23 de febrero de 2021, https:// www.blueletterbible.org/study/misc/name_god.cfm.
5. Strong's H6960, Blue Letter Bible, consultado el 22 de febrero de 2021, https://www.blueletterbible. org/lang/lexicon/lexicon.cfm?Strongs=H6960&t=CSB.
6. *Holman Old Testament Commentary: Salmos 1–75*, Steven J. Lawson, ed. (Nashville: Broadman & Holman Publishers, 2003).
7. C. H. Spurgeon, "Salmo 61", Tesoro de David, Blue Letter Bible, consultado el 22 de febrero de 2021, vía https://www.blueletterbible.org/Comm/spurgeon_charles/tod/ps061.cfm?a=539001.
8. Matthew Henry, "Commentary on Psalms 61", Blue Letter Bible, consultado el 22 de febrero de 2021, vía https://www.blueletterbible.org/Comm/mhc/Psa/Psa_061.cfm?a=539001.
9. Ibid, *Holman Old Testament Commentary: Salmos 1–75*.
10. Elisabeth Elliot, "The Lord is My Shepherd", Serie: Elisabeth Elliot Speaks About, consultado el 22 de febrero de 2021, https://www.blueletterbible.org/audio_video/elliot_elisabeth/misc/Elisabeth_Elliot_Speaks_About.cfm#The_Lord_Is_My_Shepherd.

SESIÓN TRES

1. Joshua J. Mark, "Assyrian Warfare", World History Encyclopedia, 2 de mayo de 2018, consultado el 25 de febrero de 2021, https://www.ancient.eu/Assyrian_Warfare/.
2. James Bruckner, The NIV Application Commentary (Grand Rapids, MI: Zondervan, 2004).
3. James Montgomery Boice, The Minor Prophets, Vol. I (Grand Rapids, MI: Baker Books, 1983.
4. James Montgomery Boice, *About The Minor Prophets (Hosea–Jonah): An Expositional Commentary*, Vol. I (Grand Rapids, MI: Baker Books, 2002).
5. Frank Gardner, "Iraq's Christians 'close to extinction'", BBC, 23 de mayo de 2019, consultado el 1 de marzo de 2021, https://www.bbc.com/news/world-middle-east-48333923.
6. Helen Howarth Lemmel, "Turn Your Eyes Upon Jesus", 1922, consultado el 1 de marzo de 2021, https:// hymnary.org/text/o_soul_are_you_weary_troubled.
7. Priscilla Shirer, *Jonah: Navigating a Life Interrupted*, video (Nashville, TN: Lifeway Christian Resources, 2010), https://www.youtube.com/watch?v=-Vb19mJcb48.
8. Nota sobre Mateo 6:25, *ESV Study Bible* (Wheaton, IL: Crossway, 2008).

SESIÓN CUATRO

1. Douglas K. Stuart, *The New American Commentary: Exodus*, Vol. II (Nashville: B&H Publishing Group, 2006), 113–114.
2. John Piper, "I Am Who I Am", desiringGod, 16 de septiembre de 1984, consultado el 3 de marzo de 2021, https://www.desiringgod.org/messages/i-am-who-i-am.
3. A. W. Tozer, *Knowledge of the Holy* (New York: HarperCollins, 1961), 1.
4. Charles Spurgeon, *God Always Cares* (Shawnee, KS: Gideon House Books, 2017), 33.
5. Ibid.

SESIÓN CINCO

1. Karen H. Jobes, *The NIV Application Commentary* (Grand Rapids, MI: Zondervan, 1999), 19–21.
2. Algunas traducciones dicen *colgaron* (NVI, NBLA, RVR) y otras (NTV,) dicen *atravesaron.*
3. Paul Tripp, "018. Resumen de Ester", Ministerios de Paul Tripp: The Gospel One Chapter At a Time, 2 de septiembre de 2019, consultado el 8 de marzo de 2021, https://www.paultripp.com/bible-study/posts/ esther-summary.

SESIÓN SEIS

1. Stanton W. Gavitt, "I'm So Happy And Here's the Reason Why," Singspiration Inc., 1936.
2. Strong's G5011, *Blue Letter Bible*, accessed March 30, 2021, https://www.blueletterbible.org/lang/lexicon/lexicon.cfm?Strongs=G5011&t=CSB.
3. Strong's G5013, *Blue Letter Bible*, accessed March 11, 2021, https://www.blueletterbible.org/lang/lexicon/lexicon.cfm?Strongs=G5013&t=CSB.
4. Gavitt, "I'm So Happy And Here's the Reason Why."
5. John Cotton, *The New-England Primer* (Aledo, TX: WallBuilder Press, 1991, reprint, originally pub. 1777).

SESIÓN SIETE

1. Don Stewart, "What Is General Revelation", Blue Letter Bible, consultado el 17 de marzo de 2021, https://www.blueletterbible.org/faq/don_stewart/don_stewart_370.cfm.
2. Don Stewart, "What Is Special Revelation", Blue Letter Bible, consultado el 17 de marzo de 2021, https:// www.blueletterbible.org/faq/don_stewart/don_stewart_1196.cfm.
3. Jen Wilkin, "Q&A: Applying", historia de Instagram, septiembre de 2020, consultada el 17 de marzo de 2021, https://www.instagram.com/jenwilkin/?hl=en.
4. James Montgomery Boice, *The Gospel of John: The Coming of the Light (John 1–4)*, Vol. I, (Grand Rapids, MI: Baker Bookos, 1985,1989).

SESIÓN OCHO

1. Ajith Fernando, *The NIV Application Commentary: Acts* (Grand Rapids, MI: Zondervan, 1998), 125.
2. David E. Garland, *The New American Commentary: 2 Corinthians*, Vol. 29 (Nashville: B&H Publishing Group, 1999), 59.
3. Sally Lloyd-Jones and Sam Shammas, *The Jesus Storybook Bible Curriculum*, 2011, https://www.sallylloyd-jones.com/wp-content/uploads/2014/02/jesus_storybook_bible_currkit_ot_NoMoreTears.compressed.pdf.

¡SEAMOS AMIGAS!

OTROS RECURSOS PARA MUJERES

LUZ EN LA TINIEBLAS

Este estudio de la 1ra carta de Juan está diseñado para llevarte diariamente a las Escrituras con el propósito de profundizar en sus verdades, afianzarlas en tu mente y ponerlas en práctica por medio de 5 semanas de estudio personal y discusión grupal. Busca lo videos que acompañan este estudio en lifewaymujeres.com.

978-1-4627-9923-7- $10.99

DECISIONES QUE TRANSFORMAN

Este estudio bíblico se centra en la vida de ocho mujeres de la Biblia, cómo sus decisiones cambiaron sus vidas para bien o para mal, y lo que podemos aprender de ellas en su propio viaje. A lo largo de seis semanas de estudio personal y discusión grupal, las mujeres aprenderán a aplicar las enseñanzas de este estudio bíblico a sus propias vidas y podrán experimentar el diseño de Dios por sí mismas.

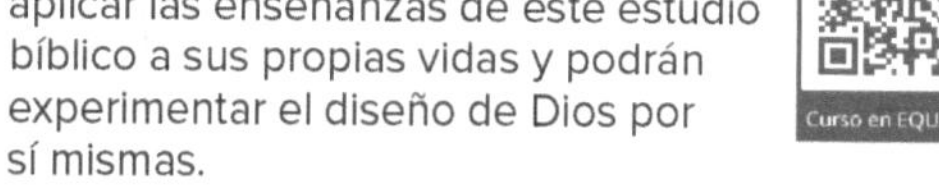

Curso en EQUIPA

978-1-5359-3655-2 - $10.99

POR AMOR A SU NOMBRE

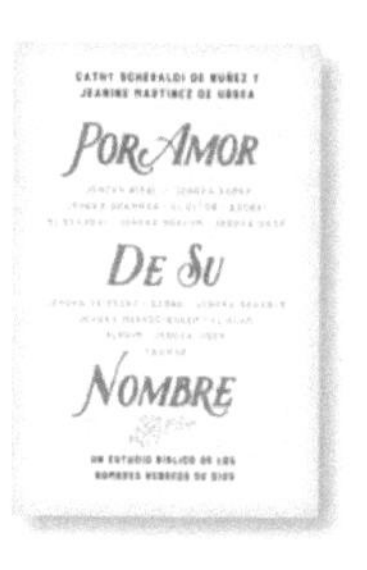

Dios es tan grande y abarca tanto que un solo nombre no es suficiente para describirlo. Necesitamos tener diferentes nombres para Él para que sea posible comprender Su grandeza. Cada nombre expone Sus características y aun después de unirlas todas, no nos alcanza para comprenderlo del todo. Cada nombre simboliza un aspecto de Su carácter y revela la esencia y naturaleza de quién es. Esperamos que a través de Por amor de Su nombre, Su gloria y grandeza sean reveladas y que cada lector se maraville de cómo nuestro gran Dios se humilló y se convirtió en hombre para que pudiéramos comprenderlo y amarlo.

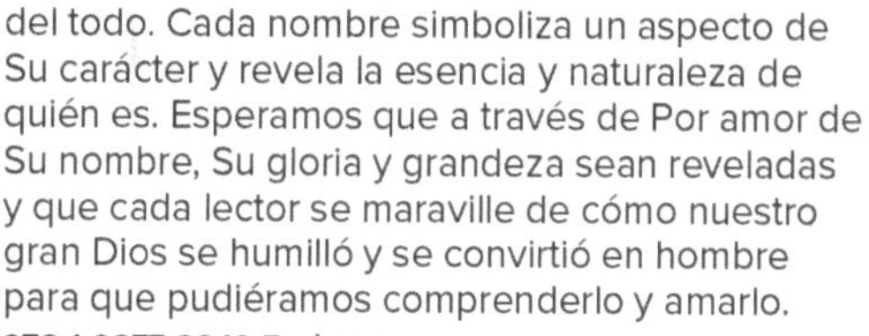

978-1-0877-3843-7 - $14.99

LA ARMADURA DE DIOS UN ESTUDIO DE 7 SESIONES

Cada día, vives en una guerra espiritual invisible y muchas veces desconocida. Sin embargo, la sientes en cada aspecto de tu vida. Un enemigo maligno y devoto lucha por atacar todo lo que te interesa: tu corazón, mente, matrimonio, hijos, relaciones, perseverancia, sueños, y destino. Si estás cansada de sentirte intimidada, y que los ataques te agarren desprevenido, este estudio es para ti.

978-1-4300-5523-5 - $12.99

ELÍAS. FE Y FUEGO UN ESTUDIO DE 7 SESIONES

Elías se levantó para ser la voz implacable de la verdad en medio de un tiempo de crisis nacional y declive moral. A su ministerio lo caracterizó una fe tenaz y un fuego santo: elementos que necesitarás para permanecer firme en la cultura de hoy.

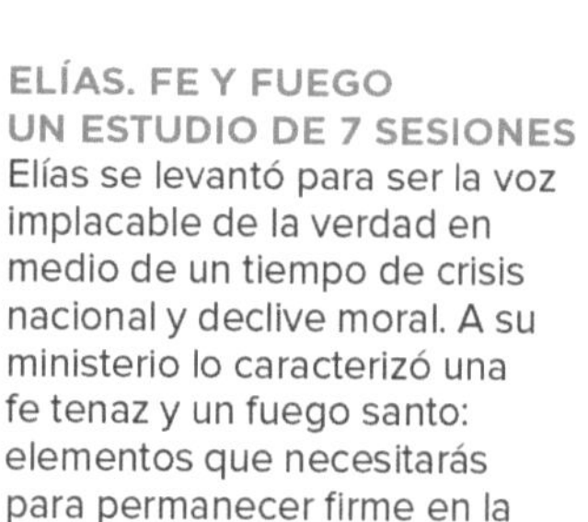

978-1-0877-5696-7- $12.99

DIOS DE LA CREACIÓN ESTUDIO BÍBLICO DE 10 SESIONES CON VIDEO

A través de 10 sesiones de estudio de versículo por versículo, profundizamos en los primeros 11 capítulos de Génesis siguiendo tres niveles esenciales del aprendizaje: la comprensión, la interpretación y la aplicación. Los videos de enseñanza son clave para entender este estudio. Haz un repaso de las historias y personajes históricos conocidos, desafía tu conocimiento básico y descubre significados más profundos en el texto. Es a medida que Dios se revela a sí mismo en la Escritura, en donde podemos comenzar a entendernos a nosotras mismas en el destello del carácter, atributos y promesas del Creador.

978-1-5359-9741-6 - $14.99